Kue saya 2023

Banyak resep tradisional dan inovatif untuk semua selera

Mila Padmasari

Indeks

Kue gandum dan kismis 12
Cookie Oatmeal Berbumbu 13
Kue gandum gandum utuh 14
Kue jeruk 15
Kue jeruk dan lemon 16
Kue jeruk dan kenari 17
Brownies oranye dan cokelat 18
Biskuit Jeruk Berbumbu 19
Biskuit selai kacang 20
Roti Coklat Selai Kacang 21
Cookie Oatmeal Selai Kacang 22
Kue Selai Kacang Kelapa Madu 23
Kue dengan kacang 24
Kue kincir 25
Biskuit buttermilk cepat 26
Kue dengan kismis 27
Kue lembut dengan kismis 28
Irisan kismis dan sirup molase 29
kue Ratafia 30
Kue beras dan muesli 31
krim Roma 32
Kue roti pendek 33
Kue dengan krim asam 34

Kue gula merah 35

Kue dengan gula dan pala 36

kue.. 37

kue Natal 38

Kue madu 39

Kue lemon 40

Kue pendek yang terbuat dari daging cincang 41

Kue pendek dengan kenari 42

Roti jeruk.. 43

Roti Pendek Orang Kaya 44

Kue gandum gandum utuh... 46

Almond berputar.. 47

Kue coklat meringue 48

Orang Cookie.. 49

Roti jahe es... 50

Biskuit Shrewsbury... 51

Cookie Berbumbu Spanyol... 52

Kue Rempah Kuno 53

Kue molase 54

Kue dengan molase, aprikot, dan kenari 55

Kue dengan molase dan buttermilk 56

Molasses dan Kue Kopi 57

Kue yang terbuat dari molase dan kurma.. 58

Kue Jahe Molase 59

Kue vanila 60

Kue kenari 61

Kue roti pendek.. 62

Kue Cheddar 63

Kue keju biru 64

Biskuit dengan keju dan wijen 65

Stik Keju 66

Biskuit dengan keju dan tomat 67

Gigitan dengan keju kambing 68

Gulungan dengan ham dan mustard 69

Biskuit dengan ham dan paprika 70

Kue herbal sederhana 71

kue India 72

Kue pendek dengan hazelnut dan bawang merah 73

Biskuit dengan salmon dan dill 74

Kue soda 75

Mawar dengan tomat dan parmesan 76

Kue tomat dan ramuan 77

Roti putih dasar 78

roti bagel 79

Baps 80

Roti Barley Krim 81

Roti bir 82

Roti coklat Boston 83

Pot Bunga Dedak 84

Mentega gulung 85

Roti mentega susu 86

roti jagung Kanada 87

Gulungan Cornish 88

Roti negara 89

Jalinan Poppy Negara 90

Roti gandum negara 91

Kepang kari 92

Perpecahan Devon 94

Roti dengan bibit gandum buah 95

Kepang susu buah 96

Roti kawat 97

Gulungan Lumbung 98

Kawat roti dengan hazelnut 99

Roti 100

Panen kepang 101

Roti susu 103

Roti buah susu 104

Roti pagi 105

roti muffin 106

Roti tanpa mengembang 107

adonan pizza 108

Havermut 109

Oatmeal Farl 110

pita roti 111

Roti cokelat cepat 112

Roti beras basah 113

Nasi dan roti almond 114

Roti panggang yang renyah 115

Roti gandum hitam 116

Cincin sarang lebah 117

Muffin Muesli 118

Muffin jeruk dan kismis 119

Muffin pir 120

Muffin kentang 121

Scone dengan kismis 122

Muffin molase 123

Molase dan Muffin Jahe 124

Muffin Sultana 125

Muffin molase gandum utuh 126

Scone yogurt 127

Scone dengan keju 128

Muffin herbal gandum utuh 129

Salami dan scone keju 130

Muffin gandum utuh 131

Conkie Barbados 132

Kue Natal goreng 133

Kue Tepung Jagung 134

Crumpet 135

donat 136

donat Kentang 137

Roti naan 138

Bannock Oatmeal 139

Pikelet 140

Scone Jatuhkan Mudah 141

Maple Drop Scone 142

Scone di atas panggangan 143

Scone Wajan Keju 144

Pancake Scotch spesial 145

Pancake Scotch Buah 146

Pancake Scotch Oranye 147

Menyanyi Hinny 148

Kue Wales 149

Pancake Welsh 150

Roti Jagung Berbumbu Meksiko 151

roti pipih Swedia 152

Gandum kukus dan roti jagung manis 153

Roti Jagung Manis Kukus 154

Chapati gandum utuh 155

Puri gandum utuh 156

Kue almond 157

Ikal almond 158

Cincin almond 159

Retak almond Mediterania 160

Biskuit almond dan coklat chip 161

Kue Amish dengan buah dan kacang 162

kue John's wort 164

Kue pisang, oat, dan jeruk 165

Cookie dasar 166

Biskuit renyah dengan dedak 167

Kue dengan dedak wijen 168

Kue panggang dengan jintan 169

Brandy Snaps 170

Kue mentega 171

Kue mentega 172

Kue karamel 173

Kue dengan wortel dan kenari 174

Kue oranye dengan wortel dan kenari 175

kue ceri 177

Cincin ceri dan almond 178

Biskuit Mentega Cokelat... 179

Roti gulung cokelat dan ceri 180

Kue coklat 181

Biskuit coklat dan pisang 182

Gigitan cokelat dan kacang 183

kue chip coklat Amerika 184

Krim cokelat... 185

Biskuit cokelat dan hazelnut.. 186

Kue dengan cokelat dan pala... 187

Biskuit dengan topping coklat 188

Kue sandwich kopi dan cokelat 189

kue Natal.. 191

Biskuit kelapa 192

Kue jagung dengan krim buah 193

Biskuit Cornish 194

Kue kismis gandum utuh 195

Kue sandwich tanggal 196

Biskuit pencernaan (kerupuk graham) 197

Kue Paskah... 198

Florentine 199

Cokelat Florentine 200

Florentine cokelat mewah 201

Kue dengan kacang 202

Biskuit Es Jerman.. 203

Jahe 204

Kue jahe 205

roti jahe 206

Kue jahe gandum utuh 207

Kue beras dan jahe 208

Kue emas 209

kue hazelnut 210

Kue hazelnut renyah 211

Kue hazelnut dan almond 212

Kue madu 213

Madu Ratafia 214

Kue dengan madu dan buttermilk 215

kue mentega lemon 216

Biskuit lemon 217

Saat-saat mencair 218

kue muesli 219

Kue dengan kenari 220

Biskuit renyah dengan kacang kenari 221

Kue renyah dengan kacang kayu manis 222

Jari oatmeal 223

Kue gandum dan kismis

Buat 20

175 g/6 ons/¾ cangkir tepung terigu (serba guna).

150 g/5 ons/1¼ cangkir oat gulung

5 ml/1 sdt jahe bubuk

2,5 ml/½ sdt baking powder

2,5 ml/½ sdt soda kue (baking soda)

100g/4oz/½ cangkir gula merah lembut

50 g/2 ons/1/3 cangkir kismis

1 butir telur, kocok sebentar

150 ml/¼ pt/2/3 cangkir minyak

60 ml/4 sendok makan susu

Campur bahan kering, masukkan kismis dan buat lubang ditengahnya. Tambahkan telur, minyak, dan susu, lalu aduk menjadi adonan lembut. Sendok adonan ke atas loyang yang tidak diolesi minyak dan ratakan sedikit dengan garpu. Panggang dalam oven yang sudah dipanaskan pada suhu 200°C/400°F/tanda gas 6 selama 10 menit hingga berwarna cokelat keemasan.

Cookie Oatmeal Berbumbu

Jadikan 30

100g/4oz/½ cangkir mentega atau margarin, dilunakkan

100g/4oz/½ cangkir gula merah lembut

100g/4oz/½ cangkir gula keras (halus).

1 telur

2,5 ml/½ sdt vanilla essence (ekstrak)

100 g/4 ons/1 cangkir tepung terigu (serba guna).

2,5 ml/½ sdt soda kue (baking soda)

Sejumput garam

5 ml/1 sdt bubuk kayu manis

Sejumput pala parut

100 g/4 ons/1 cangkir oatmeal

50 g/2 ons/½ cangkir kacang campuran cincang

50g/2oz/½ cangkir keping cokelat

Campur mentega atau margarin dan gula sampai ringan dan mengembang. Campurkan telur dan esens vanila secara bertahap. Campur tepung, baking soda, garam dan rempah-rempah dan tambahkan ke campuran. Masukkan oat, kacang, dan keripik cokelat. Jatuhkan satu sendok teh bulat ke atas loyang yang sudah diolesi minyak dan panggang kue dalam oven yang sudah dipanaskan sebelumnya pada suhu 180°C/350°F/gas 4 selama 10 menit sampai berwarna kecokelatan.

Kue gandum gandum utuh

Jadikan 24

100g/4oz/½ cangkir mentega atau margarin

200g/7oz/1¾ cangkir oat gulung

75 g/3 ons/¾ cangkir tepung gandum utuh (whole wheat).

50 g/2 ons/½ cangkir tepung terigu (serba guna).

5 ml/1 sdt baking powder

50g/2oz/¼ cangkir gula demerara

1 butir telur, kocok sebentar

30 ml/2 sendok makan susu

Gosokkan mentega atau margarin ke dalam oatmeal, tepung terigu dan baking powder hingga adonan menyerupai remah roti. Campurkan gula, lalu campurkan telur dan susu untuk membuat adonan yang kaku. Giling adonan di atas permukaan yang ditaburi sedikit tepung hingga setebal 1 cm/½ dan potong menjadi lingkaran dengan pemotong berukuran 5 cm/2. Tempatkan kue di atas loyang yang sudah diolesi minyak dan panggang dalam oven yang sudah dipanaskan sebelumnya pada suhu 190°C/375°F/tanda gas 5 selama sekitar 15 menit hingga berwarna cokelat keemasan.

Kue jeruk

Jadikan 24

100g/4oz/½ cangkir mentega atau margarin, dilunakkan

50g/2oz/¼ cangkir gula bubuk (halus).

Parut kulit 1 buah jeruk

150g/5oz/1¼ cangkir tepung terigu yang mengembang sendiri

Kocok butter atau margarine dan gula hingga lembut dan mengembang. Olah kulit jeruk, lalu masukkan tepung terigu hingga menjadi adonan yang kental. Bentuk bola-bola besar seukuran kenari dan sebarkan dengan baik di atas loyang (kue) yang sudah diolesi minyak, lalu tekan perlahan dengan garpu untuk meratakannya. Panggang cookies (biskuit) dalam oven yang sudah dipanaskan sebelumnya dengan suhu 180°C/350°F/tanda gas 4 selama 15 menit hingga berwarna cokelat keemasan.

Kue jeruk dan lemon

Jadikan 30

50 g/2 ons/¼ cangkir mentega atau margarin, dilunakkan

75g/3oz/1/3 cangkir gula bubuk (halus).

1 kuning telur

Parut kulit ½ jeruk

15 ml/1 sendok makan jus lemon

150g/5oz/1¼ cangkir tepung terigu (serba guna).

2,5 ml/½ sdt baking powder

Sejumput garam

Kocok butter atau margarine dan gula hingga lembut dan mengembang. Campurkan kuning telur, kulit jeruk, dan jus lemon secara bertahap, lalu campurkan tepung, baking powder, dan garam untuk membuat adonan yang kaku. Bungkus dan cling film (bungkus plastik) dan dinginkan selama 30 menit.

Pada permukaan yang diberi sedikit tepung, gulung hingga ketebalan sekitar 5 mm/¼ dan potong bentuk dengan pemotong kue. Tempatkan cookie di atas loyang yang diolesi minyak (cookie) dan panggang dalam oven yang sudah dipanaskan sebelumnya pada suhu 190°C/375°F/tanda gas 5 selama 10 menit.

Kue jeruk dan kenari

Buat 16

100g/4oz/½ cangkir mentega atau margarin

75g/3oz/1/3 cangkir gula bubuk (halus).

Parut kulit ½ jeruk

150g/5oz/1¼ cangkir tepung terigu yang mengembang sendiri

50 g/2 ons/½ cangkir kenari bubuk

Kocok mentega atau margarin dengan 50g/2oz/¼ cangkir gula dan kulit jeruk hingga halus dan lembut. Tambahkan tepung dan kenari, lalu kocok lagi hingga adonan mulai menyatu. Bentuk bola dan ratakan di atas loyang yang sudah diolesi minyak. Panggang biskuit (biskuit) dalam oven yang telah dipanaskan sebelumnya dengan suhu 190°C/375°F/gas 5 selama 10 menit hingga pinggirannya berwarna cokelat keemasan. Taburi dengan gula yang sudah dipesan dan biarkan agak dingin sebelum dipindahkan ke rak kawat hingga dingin.

Brownies oranye dan cokelat

Jadikan 30

50 g/2 ons/¼ cangkir mentega atau margarin, dilunakkan

75 g/3 ons/1/3 cangkir lemak babi (lemak)

175g/6oz/¾ cangkir gula cokelat lembut

100g/7oz/1¾ cangkir tepung gandum utuh (wholemeal).

75 g/3 ons/¾ cangkir almond bubuk

10 ml/2 sdt baking powder

75 g/3 ons/¾ cangkir keping cokelat

Parut kulit 2 jeruk

15 ml/1 sendok makan jus jeruk

1 telur

Gula besi (sangat halus) untuk debu

Campur mentega atau margarin, lemak babi dan gula merah sampai ringan dan mengembang. Tambahkan sisa bahan kecuali gula dan aduk menjadi adonan. Giling di atas permukaan yang sudah ditaburi tepung hingga setebal 5 mm/¼ dan potong menjadi biskuit dengan pemotong kue. Sebarkan di atas loyang (kue) yang sudah diolesi minyak dan panggang dalam oven yang sudah dipanaskan sebelumnya pada suhu 180°C/350°F/gas 4 selama 20 menit hingga berwarna keemasan.

Biskuit Jeruk Berbumbu

Buat 10

225 g/8 ons/2 cangkir tepung terigu (serba guna).

2,5 ml/½ sdt bubuk kayu manis

Sejumput bumbu campuran (pai apel).

75g/3oz/1/3 cangkir gula bubuk (halus).

150g/5oz/2/3 cangkir mentega atau margarin, dilunakkan

2 kuning telur

Parut kulit 1 buah jeruk

75 g/3 ons/¾ cangkir cokelat polos (semi-manis).

Campur tepung dan bumbu, lalu campurkan gula. Kocok mentega atau margarin, kuning telur dan kulit jeruk, lalu aduk menjadi adonan yang halus. Bungkus dengan clingfilm (bungkus plastik) dan dinginkan selama 1 jam.

Masukkan adonan ke dalam piping bag yang dilengkapi ujung (tip) bintang besar dan salurkan ke loyang yang sudah diolesi minyak (pemotong kue). Panggang dalam oven yang sudah dipanaskan pada suhu 190°C/375°F/tanda gas 5 selama 10 menit hingga berwarna cokelat keemasan. Biarkan dingin.

Lelehkan cokelat dalam mangkuk tahan panas yang diletakkan di atas panci berisi air yang sedikit mendidih. Celupkan ujung kue ke dalam cokelat leleh dan biarkan di atas kertas roti hingga mengeras.

Biskuit selai kacang

Buatlah 18

100g/4oz/½ cangkir mentega atau margarin, dilunakkan

100g/4oz/½ cangkir gula keras (halus).

100 g/4 ons/½ cangkir selai kacang yang renyah atau halus

60ml/4 sdm sirup emas (jagung muda).

15 ml/1 sendok makan susu

175g/6oz/1½ cangkir tepung terigu (serba guna).

2,5 ml/½ sdt soda kue (baking soda)

Kocok butter atau margarine dan gula hingga lembut dan mengembang. Campur selai kacang, lalu sirup dan susu. Campurkan tepung terigu dan baking soda lalu masukkan ke dalam adonan, lalu uleni hingga kalis. Bentuk menjadi log dan dinginkan sampai keras.

Potong-potong setebal 5 mm/¼ dan susun di atas loyang yang sudah diolesi sedikit mentega (biskuit). Panggang cookies (biskuit) dalam oven yang sudah dipanaskan sebelumnya pada suhu 180°C/350°F/gas 4 selama 12 menit hingga berwarna keemasan.

Roti Coklat Selai Kacang

Jadikan 24

50 g/2 ons/¼ cangkir mentega atau margarin, dilunakkan

50 g/2 ons/¼ cangkir gula cokelat lembut

50g/2oz/¼ cangkir gula bubuk (halus).

50 g/2 ons/¼ cangkir selai kacang halus

1 kuning telur

75 g/3 ons/¾ cangkir tepung terigu (serba guna).

2,5 ml/½ sdt soda kue (baking soda)

50 g/2 ons/½ cangkir cokelat polos (semi-manis).

Campur mentega atau margarin dan gula sampai ringan dan mengembang. Masukkan selai kacang secara bertahap, lalu kuning telur. Campurkan tepung dan soda kue dan campurkan ke dalam campuran untuk membentuk adonan yang kaku. Sementara itu, lelehkan cokelat dalam mangkuk tahan panas yang diletakkan di atas panci berisi air yang sedikit mendidih. Pipihkan adonan menjadi 30 x 46 cm/12 x 18 dan olesi cokelat leleh hampir ke tepinya. Gulung sisi panjangnya, bungkus dengan cling film (bungkus plastik) dan dinginkan hingga kencang.

Potong gulungan menjadi irisan 5 mm/¼ dan letakkan di atas loyang (kue) yang tidak diolesi minyak. Panggang dalam oven yang sudah dipanaskan pada suhu 180°C/350°F/tanda gas 4 selama 10 menit hingga berwarna cokelat keemasan.

Cookie Oatmeal Selai Kacang

Jadikan 24

75 g/3 ons/1/3 cangkir mentega atau margarin, dilunakkan

75 g/3 ons/1/3 cangkir selai kacang

150g/5oz/2/3 cangkir gula merah lembut

1 telur

50 g/2 ons/½ cangkir tepung terigu (serba guna).

2,5 ml/½ sdt baking powder

Sejumput garam

Beberapa tetes vanilla essence (ekstrak)

75 g/3 ons/¾ cangkir oat gulung

40 g/1½ ons/1/3 cangkir keping cokelat

Campur mentega atau margarin, selai kacang, dan gula sampai ringan dan halus. Kocok telur secara bertahap. Campurkan tepung terigu, baking powder dan garam. Aduk esensi vanila, oat, dan keripik cokelat. Letakkan sesendok penuh di atas loyang yang sudah diolesi minyak dan panggang kue dalam oven yang sudah dipanaskan sebelumnya pada suhu 180°C/350°F/tanda gas 4 selama 15 menit.

Kue Selai Kacang Kelapa Madu

Jadikan 24

120 ml/4 fl oz/½ cangkir minyak

175 g/6 ons/½ cangkir madu murni

175 g/6 ons/¾ cangkir selai kacang renyah

1 butir telur, kocok

100 g/4 ons/1 cangkir oatmeal

225 g/8 ons/2 cangkir tepung gandum utuh (whole wheat).

50 g/2 ons/½ cangkir kelapa kering (parut).

Campurkan minyak, madu, selai kacang, dan telur, lalu masukkan bahan lainnya. Tempatkan sesendok penuh di atas loyang yang diolesi minyak (untuk kue kering) dan ratakan sedikit dengan ketebalan sekitar ¼/6 mm. Panggang cookies (biskuit) dalam oven yang sudah dipanaskan sebelumnya pada suhu 180°C/350°F/gas 4 selama 12 menit hingga berwarna keemasan.

Kue dengan kacang

Jadikan 24

100g/4oz/½ cangkir mentega atau margarin, dilunakkan

45ml/3 sdm gula merah halus

100 g/4 ons/1 cangkir tepung terigu (serba guna).

Sejumput garam

5 ml/1 sendok teh vanilla essence (ekstrak)

100 g/4 ons/1 cangkir pecan, cincang halus

Gula bubuk (confectioners), diayak, untuk taburan

Kocok butter atau margarine dan gula hingga lembut dan mengembang. Secara bertahap kocok sisa bahan kecuali gula halus. Bentuk menjadi 3cm/1½ bola dan letakkan di atas loyang (biskuit) yang sudah diolesi minyak. Panggang cookies (biskuit) dalam oven yang sudah dipanaskan sebelumnya dengan suhu 160°C/325°F/tanda gas 3 selama 15 menit hingga berwarna keemasan. Sajikan dengan taburan gula halus.

Kue kincir

Jadikan 24

175g/6oz/1½ cangkir tepung terigu (serba guna).

5 ml/1 sdt baking powder

Sejumput garam

75 g/3 ons/1/3 cangkir mentega atau margarin

75g/3oz/1/3 cangkir gula bubuk (halus).

Beberapa tetes vanilla essence (ekstrak)

20 ml / 4 sendok teh air

10 ml/2 sendok teh bubuk kakao (cokelat tanpa pemanis).

Campur tepung terigu, baking powder, dan garam, lalu olesi mentega atau margarin hingga adonan menyerupai remah roti. Aduk gula. Tambahkan esens vanila dan air dan aduk menjadi adonan halus. Bentuk menjadi bola, lalu potong menjadi dua. Campur kakao menjadi setengah adonan. Gulung setiap potongan adonan menjadi persegi panjang 25 x 18 cm/10 x 7 dan letakkan di atas satu sama lain. Gulung dengan lembut agar tetap bersatu. Gulung adonan dari sisi yang panjang dan tekan perlahan. Bungkus dengan cling film (bungkus plastik) dan dinginkan selama sekitar 30 menit.

Potong-potong setebal 2,5 cm/1 dan ratakan di atas loyang yang sudah diolesi minyak. Panggang cookies (biskuit) dalam oven yang sudah dipanaskan sebelumnya pada suhu 180°C/350°F/gas 4 selama 15 menit hingga berwarna keemasan.

Biskuit buttermilk cepat

Buat 12

75 g/3 ons/1/3 cangkir mentega atau margarin

225 g/8 ons/2 cangkir tepung terigu (serba guna).

15 ml/1 sendok makan baking powder

2,5 ml/½ sdt garam

175 ml/6 fl oz/¾ cangkir buttermilk

Gula bubuk (bahan manisan), diayak, untuk taburan (opsional)

Oleskan mentega atau margarin ke dalam tepung, baking powder, dan garam hingga adonan menyerupai remah roti. Secara bertahap tambahkan buttermilk untuk mendapatkan adonan yang lembut. Giling adonan di atas permukaan yang ditaburi sedikit tepung hingga setebal 2 cm/¾ dan potong menjadi lingkaran dengan pemotong kue. Tempatkan cookie di atas loyang yang diolesi minyak (cookie) dan panggang dalam oven yang sudah dipanaskan sebelumnya pada suhu 230°C/450°F/gas 8 selama 10 menit hingga berwarna cokelat keemasan. Taburi dengan gula bubuk jika diinginkan.

Kue dengan kismis

Jadikan 24

100g/4oz/½ cangkir mentega atau margarin, dilunakkan

50g/2oz/¼ cangkir gula bubuk (halus).

Parutan kulit 1 lemon

50 g/2 ons/1/3 cangkir kismis

150g/5oz/1¼ cangkir tepung terigu yang mengembang sendiri

Kocok butter atau margarine dan gula hingga lembut dan mengembang. Kerjakan kulit lemon, lalu campurkan kismis dan tepung untuk membuat campuran kental. Bentuk bola-bola besar seukuran kenari dan sebarkan dengan baik di atas loyang (kue) yang sudah diolesi minyak, lalu tekan perlahan dengan garpu untuk meratakannya. Panggang cookies (biskuit) dalam oven yang sudah dipanaskan sebelumnya dengan suhu 180°C/350°F/tanda gas 4 selama 15 menit hingga berwarna cokelat keemasan.

Kue lembut dengan kismis

Buat 36

100 g/4 ons/2/3 cangkir kismis

90 ml/6 sendok makan air mendidih

50 g/2 ons/¼ cangkir mentega atau margarin, dilunakkan

175g/6oz/¾ cangkir (sangat halus) gula

1 butir telur, kocok sebentar

2,5 ml/½ sdt vanilla essence (ekstrak)

175g/6oz/1½ cangkir tepung terigu (serba guna).

2,5 ml/½ sdt baking powder

1,5 ml/¼ sdt soda kue (baking soda)

2,5 ml/½ sdt garam

2,5 ml/½ sdt bubuk kayu manis

Sejumput pala parut

50 g/2 ons/½ cangkir kacang campuran cincang

Masukkan kismis dan air mendidih ke dalam panci, didihkan, tutup dan biarkan mendidih selama 3 menit. Biarkan dingin. Kocok butter atau margarine dan gula hingga lembut dan mengembang. Campurkan telur dan esens vanila secara bertahap. Tambahkan tepung, baking powder, baking soda, garam dan rempah-rempah secara bergantian dengan kismis dan cairan perendaman. Aduk kenari dan campur menjadi adonan lembut. Bungkus dengan cling film (bungkus plastik) dan dinginkan minimal 1 jam.

Jatuhkan adonan sesendok demi sesendok ke atas loyang yang sudah diolesi minyak (biskuit) dan panggang biskuit (biskuit) dalam oven yang sudah dipanaskan sebelumnya pada suhu 180°C/350°F/tanda gas 4 selama 10 menit hingga berwarna keemasan.

Irisan kismis dan sirup molase

Jadikan 24

25 g/1 ons/2 sdm mentega lunak atau margarin

100g/4oz/½ cangkir gula keras (halus).

1 kuning telur

30 ml/2 sdm molase (molase blackstrap)

75 g/3 ons/½ cangkir kismis

150g/5oz/1¼ cangkir tepung terigu (serba guna).

5 ml/1 sendok teh soda kue (baking soda)

5 ml/1 sdt bubuk kayu manis

Sejumput garam

30 ml/2 sendok makan kopi hitam dingin

Kocok butter atau margarine dan gula hingga lembut dan mengembang. Aduk kuning telur dan sirup molase secara bertahap, lalu aduk kismis. Campur tepung, baking soda, kayu manis dan garam dan aduk ke dalam campuran kopi. Tutup dan dinginkan campuran.

Ratakan hingga 30cm/12 kotak, lalu gulung menjadi batang kayu. Letakkan di atas baki (kue) yang sudah diolesi minyak dan panggang dalam oven yang sudah dipanaskan sebelumnya pada suhu 180°C/350°F/tanda gas 4 selama 15 menit, sampai keras saat disentuh. Potong-potong, lalu biarkan hingga dingin di rak kawat.

kue Ratafia

Buat 16

100g/4oz/½ cangkir gula pasir

50 g/2 ons/¼ cangkir almond bubuk

15 ml/1 sendok makan beras giling

1 putih telur

25 g/1 ons/¼ cangkir kacang almond

Campur gula, almond bubuk, dan nasi bubuk. Kocok putih telur dan lanjutkan mengocok selama 2 menit. Pipa kue seukuran kenari ke atas loyang (kue) berlapis kertas nasi dengan ujung biasa 5mm / ¼. Tempatkan selembar almond di atas setiap biskuit. Panggang dalam oven yang sudah dipanaskan pada suhu 190°C/375°F/tanda gas 5 selama 15 menit hingga berwarna cokelat keemasan.

Kue beras dan muesli

Jadikan 24

75 g/3 ons/¼ cangkir nasi merah matang

50 g/2 ons/½ cangkir muesli

75 g/3 ons/¾ cangkir tepung gandum utuh (whole wheat).

2,5 ml/½ sdt garam

2,5 ml/½ sdt soda kue (baking soda)

5 ml/1 sdt bumbu halus (pai apel).

30 ml/2 sendok makan madu murni

75 g/3 ons/1/3 cangkir mentega atau margarin, dilunakkan

Campur beras, muesli, tepung, garam, soda kue dan campuran rempah-rempah. Kocok madu dan mentega atau margarin hingga lembut. Kocok ke dalam campuran nasi. Bentuk bola seukuran kacang kenari dari adonan dan letakkan di atas loyang yang sudah diolesi minyak (kue). Ratakan sedikit, lalu panggang dalam oven yang sudah dipanaskan sebelumnya dengan suhu 190°C/375°F/tanda gas 5 selama 15 menit atau hingga berwarna cokelat keemasan. Biarkan dingin selama 10 menit, lalu pindahkan ke rak kawat hingga dingin. Simpan dalam wadah kedap udara.

krim Roma

Buat 10

Pemendekan 25g/1oz/2tbsp

25 g/1 ons/2 sdm mentega lunak atau margarin

50 g/2 ons/¼ cangkir gula cokelat lembut

2,5 ml/½ sdt sirup emas (jagung ringan).

50 g/2 ons/½ cangkir tepung terigu (serba guna).

Sejumput garam

25 g/1 ons/¼ cangkir oatmeal

2,5 ml/½ sdt bumbu halus (apel gulung).

2,5 ml/½ sdt soda kue (baking soda)

10 ml/2 sdt air mendidih

Lapisan mentega

Campur lemak babi, mentega atau margarin dan gula sampai ringan dan mengembang. Masukkan sirup, lalu tambahkan tepung, garam, oat, dan bumbu halus, aduk hingga tercampur rata. Larutkan soda kue dalam air dan aduk hingga membentuk adonan yang keras. Bentuk 20 bola kecil yang sama dan letakkan dengan baik di atas loyang yang sudah diolesi minyak (kue). Ratakan sedikit dengan telapak tangan Anda. Panggang dalam oven yang sudah dipanaskan pada suhu 160°C/325°F/tanda gas 3 selama 15 menit. Biarkan dingin di atas loyang. Setelah dingin, lapisi kue-kue bersama dengan buttercream frosting (icing).

Kue roti pendek

Buat 48

100g/4oz/½ cangkir mentega atau margarin keras, dilunakkan

225 g/8 ons/1 cangkir gula merah lembut

1 butir telur, kocok sebentar

225 g/8 ons/2 cangkir tepung terigu (serba guna).

Putih telur untuk glasir

30 ml/2 sendok makan kacang tumbuk

Kocok butter atau margarine dan gula hingga lembut dan mengembang. Kocok telur, lalu campurkan tepung. Gulung sangat tipis di atas permukaan yang diberi sedikit tepung dan potong bentuk dengan pemotong kue. Letakkan kue di atas loyang yang sudah diolesi minyak, olesi bagian atasnya dengan putih telur dan taburi dengan kacang. Panggang dalam oven yang sudah dipanaskan pada suhu 180°C/350°F/tanda gas 4 selama 10 menit hingga berwarna cokelat keemasan.

Kue dengan krim asam

Jadikan 24

50 g/2 ons/¼ cangkir mentega atau margarin, dilunakkan

175g/6oz/¾ cangkir (sangat halus) gula

1 telur

60 ml/4 sendok makan krim asam (asam laktat).

2. 5 ml/½ sdt vanilla essence (ekstrak)

150g/5oz/1¼ cangkir tepung terigu (serba guna).

2,5 ml/½ sdt baking powder

75 g/3 ons/½ cangkir kismis

Kocok butter atau margarine dan gula hingga lembut dan mengembang. Campurkan telur, krim, dan esens vanila secara bertahap. Campurkan tepung, baking powder dan kismis dan lipat ke dalam adonan sampai tercampur rata. Taruh sendok teh bulat campuran ke dalam kaleng (biskuit) yang diolesi sedikit minyak dan panggang dalam oven yang sudah dipanaskan pada suhu 180 ° C / 350 ° F / gas 4 selama sekitar 10 menit sampai berwarna cokelat keemasan.

Kue gula merah

Jadikan 24

100g/4oz/½ cangkir mentega atau margarin, dilunakkan

100g/4oz/½ cangkir gula merah lembut

1 butir telur, kocok sebentar

2,5 ml/1 sendok teh vanilla essence (ekstrak)

150g/5oz/1¼ cangkir tepung terigu (serba guna).

2,5 ml/½ sdt soda kue (baking soda)

Sejumput garam

75 g/3 ons/½ cangkir sultana (kismis emas)

Kocok butter atau margarine dan gula hingga lembut dan mengembang. Campurkan telur dan esens vanila secara bertahap. Blender sisa bahan sampai halus. Tempatkan sendok teh bulat penuh terpisah di atas loyang yang dilumuri sedikit (untuk kue). Panggang biskuit (biskuit) dalam oven yang telah dipanaskan sebelumnya dengan suhu 180°C/350°F/gas 4 selama 12 menit hingga berwarna cokelat keemasan.

Kue dengan gula dan pala

Jadikan 24

50 g/2 ons/¼ cangkir mentega atau margarin, dilunakkan

100g/4oz/½ cangkir gula keras (halus).

1 kuning telur

2,5 ml/½ sdt vanilla essence (ekstrak)

150g/5oz/1¼ cangkir tepung terigu (serba guna).

5 ml/1 sdt baking powder

Sejumput pala parut

60 ml/4 sendok makan krim asam (asam laktat).

Kocok butter atau margarine dan gula hingga lembut dan mengembang. Kocok kuning telur dan esens vanila, lalu masukkan tepung, baking powder, dan pala. Aduk krim hingga rata. Tutup dan dinginkan selama 30 menit.

Pipihkan adonan setebal 5 mm/¼ dan potong menjadi 5 cm/2 lingkaran dengan pemotong kue. Tempatkan cookie di atas loyang yang tidak diberi minyak dan panggang dalam oven yang sudah dipanaskan sebelumnya pada suhu 200°C/400°F/gas 6 selama 10 menit hingga berwarna cokelat keemasan.

kue

Buat 8

150g/5oz/1¼ cangkir tepung terigu (serba guna).

Sejumput garam

25 g/1 ons/¼ cangkir tepung beras atau nasi giling

50g/2oz/¼ cangkir gula bubuk (halus).

100 g/4 ons/¼ cangkir mentega atau margarin keras, dinginkan dan parut

Campur tepung terigu, garam dan tepung beras atau beras giling. Aduk gula, lalu mentega atau margarin. Tekan campuran dengan ujung jari Anda sampai menyerupai remah roti. Tekan ke dalam loyang sandwich 18cm/7 inci dan ratakan bagian atasnya. Tusuk seluruhnya dengan garpu dan potong menjadi delapan irisan yang sama, yang Anda potong ke bawah. Dinginkan selama 1 jam.

Panggang dalam oven yang sudah dipanaskan pada suhu 150°C/300°F/tanda gas 2 selama 1 jam hingga berwarna pucat seperti jerami. Biarkan dingin di dalam cetakan sebelum dibalik.

kue Natal

Buat 12

175 g/6 ons/¾ cangkir mentega atau margarin

250g/9oz/2¼ cangkir tepung terigu (serba guna).

75g/3oz/1/3 cangkir gula bubuk (halus).

Untuk balutan:

15 ml/1 sdm almond cincang

15 ml/1 sendok makan kenari cincang

30 ml/2 sendok makan kismis

30 ml/2 sendok makan ceri berlapis (manisan), cincang

Parutan kulit 1 lemon

15 ml/1 sendok makan gula keras (halus) untuk taburan

Gosokkan mentega atau margarin ke dalam tepung sampai campurannya menyerupai remah roti. Aduk gula. Tekan campuran menjadi pasta dan uleni sampai halus. Tekan ke dalam loyang jelly roll yang sudah diolesi minyak dan ratakan permukaannya. Campur bahan untuk saus dan tumbuk menjadi pasta. Tandai menjadi 12 jari, lalu panggang dalam oven yang sudah dipanaskan sebelumnya dengan suhu 180°C/350°F/tanda gas 4 selama 30 menit. Taburi dengan gula, potong jari dan biarkan dingin di cetakan.

Kue madu

Buat 12

100g/4oz/½ cangkir mentega atau margarin, dilunakkan

Kit madu 75 g/3 ons/¼ cangkir

200g/7oz/1¾ cangkir tepung gandum utuh (wholemeal).

25 g/1 ons/¼ cangkir tepung beras merah

Parutan kulit 1 lemon

Campur mentega atau margarin dan madu hingga lembut. Aduk tepung dan kulit lemon dan uleni menjadi adonan lembut. Tekan ke dalam loyang berukuran 18cm/7 (baking tray) yang sudah diolesi minyak dan ditaburi tepung atau loyang shortbread dan tusuk-tusuk seluruhnya dengan garpu. Tandai pada 12 irisan dan lipat ujungnya. Dinginkan selama 1 jam.

Panggang dalam oven yang sudah dipanaskan sebelumnya pada suhu 150°C/300°F/tanda gas 2 selama 40 menit sampai berwarna cokelat keemasan. Potong menjadi potongan-potongan yang ditandai dan biarkan dingin di dalam cetakan.

Kue lemon

Buat 12

100 g/4 ons/1 cangkir tepung terigu (serba guna).

50 g/2 ons/½ cangkir tepung jagung (tepung jagung)

100g/4oz/½ cangkir mentega atau margarin, dilunakkan

50g/2oz/¼ cangkir gula bubuk (halus).

Parutan kulit 1 lemon

Gula besi (sangat halus) untuk debu

Ayak tepung dan tepung jagung menjadi satu. Kocok mentega atau margarin hingga lembut, lalu kocok gula pasir hingga pucat dan mengembang. Aduk kulit lemon, lalu kocok dalam campuran tepung hingga tercampur rata. Gulung kue pendek menjadi 20 cm / 8 putaran dan letakkan di atas loyang (kue) yang sudah diolesi minyak. Tusuk semuanya dengan garpu dan parut ujungnya. Potong menjadi 12 irisan, lalu taburi dengan gula. Dinginkan di lemari es selama 15 menit. Panggang dalam oven yang sudah dipanaskan pada suhu 160°C/325°F/tanda gas 3 selama 35 menit hingga berwarna cokelat keemasan pucat. Biarkan dingin di atas loyang selama 5 menit sebelum dibalik ke rak kawat hingga dingin.

Kue pendek yang terbuat dari daging cincang

Buat 8

175 g/6 ons/¾ cangkir mentega atau margarin, dilunakkan

50g/2oz/¼ cangkir gula bubuk (halus).

225 g/8 ons/2 cangkir tepung terigu (serba guna).

60 ml/4 sdm daging cincang

Kocok mentega atau margarin dan gula hingga lembut. Aduk tepung, lalu daging cincang. Tekan ke dalam loyang sandwich 23cm/7 dan ratakan bagian atasnya. Tusuk seluruh bagian dengan garpu dan potong menjadi delapan bagian. Dinginkan selama 1 jam.

Panggang dalam oven yang sudah dipanaskan sebelumnya pada suhu 160°C/325°F/tanda gas 3 selama 1 jam hingga berwarna pucat seperti jerami. Biarkan dingin di dalam cetakan sebelum dibalik.

Kue pendek dengan kenari

Buat 12

100g/4oz/½ cangkir mentega atau margarin, dilunakkan

50g/2oz/¼ cangkir gula bubuk (halus).

100 g/4 ons/1 cangkir tepung terigu (serba guna).

50 g/2 ons/½ cangkir beras giling

50 g/2 ons/½ cangkir almond, cincang halus

Kocok butter atau margarine dan gula hingga lembut dan mengembang. Aduk tepung dan beras giling. Aduk kenari dan aduk menjadi adonan yang keras. Uleni ringan sampai halus. Tekan ke dasar loyang gulung yang sudah diolesi minyak (jelly pan) dan ratakan permukaannya. Tusuk semuanya dengan garpu. Panggang dalam oven yang sudah dipanaskan pada suhu 160°C/325°F/tanda gas 3 selama 45 menit hingga berwarna cokelat keemasan pucat. Biarkan dingin di dalam loyang selama 10 menit, lalu potong-potong. Biarkan dalam cetakan hingga dingin sebelum mematikannya.

Roti jeruk

Buat 12

100 g/4 ons/1 cangkir tepung terigu (serba guna).

50 g/2 ons/½ cangkir tepung jagung (tepung jagung)

100g/4oz/½ cangkir mentega atau margarin, dilunakkan

50g/2oz/¼ cangkir gula bubuk (halus).

Parut kulit 1 buah jeruk

Gula besi (sangat halus) untuk debu

Ayak tepung dan tepung jagung menjadi satu. Kocok mentega atau margarin hingga lembut, lalu kocok gula pasir hingga pucat dan mengembang. Aduk kulit jeruk, lalu kocok dalam campuran tepung hingga tercampur rata. Gulung kue pendek menjadi 20 cm / 8 putaran dan letakkan di atas loyang (kue) yang sudah diolesi minyak. Tusuk semuanya dengan garpu dan parut ujungnya. Potong menjadi 12 irisan, lalu taburi dengan gula. Dinginkan di lemari es selama 15 menit. Panggang dalam oven yang sudah dipanaskan pada suhu 160°C/325°F/tanda gas 3 selama 35 menit hingga berwarna cokelat keemasan pucat. Biarkan dingin di atas loyang selama 5 menit sebelum dibalik ke rak kawat hingga dingin.

Roti Pendek Orang Kaya

Buat 36

Untuk dasar:

225 g/8 ons/1 cangkir mentega atau margarin

275g/10oz/2½ cangkir tepung terigu (serba guna).

100g/4oz/½ cangkir gula keras (halus).

Untuk isian:

225 g/8 ons/1 cangkir mentega atau margarin

225 g/8 ons/1 cangkir gula merah lembut

60ml/4 sdm sirup emas (jagung muda).

400 g susu kental dalam kaleng

Beberapa tetes vanilla essence (ekstrak)

Untuk balutan:

225 g/8 ons/2 cangkir cokelat polos (semi-manis).

Basisnya dibuat dengan mengoleskan mentega atau margarin ke dalam tepung, lalu mencampurkan gula dan menguleni adonan yang keras. Tekan ke bagian bawah loyang gulung yang diolesi minyak (roll pan) yang dilapisi dengan foil. Panggang dalam oven yang sudah dipanaskan pada suhu 180°C/350°F/tanda gas 4 selama 35 menit hingga berwarna keemasan. Biarkan model menjadi dingin.

Untuk menyiapkan isian, lelehkan mentega atau margarin, gula pasir, sirup, dan susu kental manis dalam wajan dengan api kecil sambil terus diaduk. Didihkan, lalu masak perlahan selama 7 menit sambil terus diaduk. Angkat dari api, tambahkan esens vanilla dan aduk rata. Tuang di atas alas dan biarkan dingin dan mengeras.

Lelehkan cokelat dalam mangkuk tahan panas yang diletakkan di atas panci berisi air yang sedikit mendidih. Sebarkan di atas lapisan karamel dan potong menjadi pola dengan garpu. Biarkan dingin dan mengeras, lalu potong kotak.

Kue gandum gandum utuh

Buat 10

100g/4oz/½ cangkir mentega atau margarin

150g/5oz/1¼ cangkir tepung gandum utuh (wholemeal).

25 g/1 ons/¼ cangkir tepung oat

50 g/2 ons/¼ cangkir gula cokelat lembut

Gosokkan mentega atau margarin ke dalam tepung sampai campurannya menyerupai remah roti. Aduk gula dan uleni ringan menjadi adonan yang lembut dan rapuh. Pada permukaan yang diberi sedikit tepung, gulung hingga setebal 1 cm/½ dan potong menjadi 5 cm/2 lingkaran dengan pemotong kue. Pindahkan dengan hati-hati ke nampan (biskuit) yang sudah diolesi minyak dan panggang dalam oven yang sudah dipanaskan sebelumnya pada suhu 150°C/300°F/tanda gas 3 selama sekitar 40 menit, hingga berwarna cokelat keemasan dan mengeras.

Almond berputar

Buat 16

175 g/6 ons/¾ cangkir mentega atau margarin, dilunakkan

50g/2oz/1/3 cangkir gula bubuk (bahan manisan), diayak

2,5 ml/½ sdt almond essence (ekstrak)

175g/6oz/1½ cangkir tepung terigu (serba guna).

8 ceri mengkilap (manisan), dibelah dua atau dipotong-potong

Gula bubuk (confectioners), diayak, untuk taburan

Kocok mentega atau margarin dan gula. Kocok esensi almond dan tepung. Pindahkan adonan ke dalam piping bag yang dilengkapi ujung (tip) bintang besar. Gulung tabung 16 rata di atas loyang yang sudah diolesi minyak (kue). Tutupi masing-masing satu per satu dengan sepotong ceri. Panggang dalam oven yang sudah dipanaskan pada suhu 160°C/325°F/tanda gas 3 selama 20 menit hingga pucat keemasan. Biarkan dingin di atas nampan selama 5 menit, lalu pindahkan ke rak kawat dan taburi dengan icing sugar.

Kue coklat meringue

Jadikan 24

100g/4oz/½ cangkir mentega atau margarin, dilunakkan

5 ml/1 sendok teh vanilla essence (ekstrak)

4 putih telur

200g/7oz/1¾ cangkir tepung biasa (serbaguna).

50g/2oz/¼ cangkir gula bubuk (halus).

45 ml/3 sdm bubuk kakao (cokelat tanpa pemanis).

100g/4oz/2/3 cangkir (gula halus), diayak

Kocok mentega atau margarin, esensi vanila, dan dua putih telur. Campur tepung terigu, gula pasir dan coklat, lalu masukkan sedikit demi sedikit ke dalam adonan mentega. Tekan ke dalam loyang persegi 30cm / 12 yang sudah diolesi minyak (baki pemanggang). Kocok putih telur yang tersisa dengan gula halus dan oleskan di atasnya. Panggang dalam oven yang sudah dipanaskan pada suhu 190°C/375°F/tanda gas 5 selama 20 menit hingga berwarna cokelat keemasan. Potong menjadi tongkat.

Orang Cookie

Menghasilkan sekitar 12

100g/4oz/½ cangkir mentega atau margarin, dilunakkan

100g/4oz/½ cangkir gula keras (halus).

1 butir telur, kocok

225 g/8 ons/2 cangkir tepung terigu (serba guna).

Beberapa kismis dan ceri berlapis (manisan).

Kocok mentega atau margarin dan gula. Tambahkan telur secara bertahap dan kocok rata. Aduk tepung dengan sendok logam. Ratakan adonan di atas permukaan yang sudah ditaburi sedikit tepung hingga setebal 5 mm/¼. Potong orang dengan pemotong atau pisau kue (cookie) dan gulung lagi sisa-sisanya sampai semua adonan habis. Letakkan di atas loyang yang sudah diolesi minyak (kue) dan tekan kismis untuk mata dan kancingnya. Potong irisan ceri untuk mulut. Panggang cookies (biskuit) dalam oven yang telah dipanaskan sebelumnya pada suhu 190°C/375°F/gas 5 selama 10 menit hingga berwarna cokelat muda. Biarkan dingin di rak kawat.

Roti jahe es

Membuat dua kue berukuran 20cm/8

Untuk kue:

225 g/8 ons/1 cangkir mentega atau margarin, dilunakkan

100g/4oz/½ cangkir gula keras (halus).

275g/10oz/2½ cangkir tepung terigu (serba guna).

10 ml/2 sdt baking powder

10ml/2 sdt jahe bubuk

Untuk glasir (glasir):

50 g/2 ons/¼ cangkir mentega atau margarin

15ml/1 sdm sirup emas (jagung muda).

100g/4oz/2/3 cangkir (gula halus), diayak

5 ml/1 sdt jahe bubuk

Untuk membuat kue, campurkan mentega atau margarin dan gula sampai ringan dan halus. Campur bahan kue yang tersisa untuk membentuk adonan, bagi adonan menjadi dua dan tekan menjadi dua kaleng sandwich berukuran 20cm/8 yang sudah diolesi minyak. Panggang dalam oven yang sudah dipanaskan pada suhu 160°C/325°F/gasmark 3 selama 40 menit.

Untuk menyiapkan glasir, lelehkan mentega atau margarin dan sirup dalam wajan. Tambahkan gula halus dan jahe, aduk rata. Tuang ke atas kedua cupcake dan biarkan dingin, lalu potong menjadi lingkaran.

Biskuit Shrewsbury

Jadikan 24

100g/4oz/½ cangkir mentega atau margarin, dilunakkan

100g/4oz/½ cangkir gula keras (halus).

1 kuning telur

225 g/8 ons/2 cangkir tepung terigu (serba guna).

5 ml/1 sdt baking powder

5 ml/1 sdt parutan kulit lemon

Kocok butter atau margarine dan gula hingga lembut dan mengembang. Campurkan kuning telur secara bertahap, lalu campurkan tepung, baking powder, dan kulit lemon, aduk dengan tangan sampai adonan menyatu. Giling setebal 5mm/¼ dan potong menjadi 6cm/2¼ lingkaran dengan pemotong kue. Tempatkan kue dengan baik di atas loyang yang sudah diolesi minyak dan tusuk dengan garpu. Panggang dalam oven yang sudah dipanaskan pada suhu 180°C/350°F/tanda gas 4 selama 15 menit hingga pucat keemasan.

Cookie Berbumbu Spanyol

Buat 16

90 ml/6 sendok makan minyak zaitun

100g/4oz/½ cangkir gula pasir

100 g/4 ons/1 cangkir tepung terigu (serba guna).

15 ml/1 sendok makan baking powder

10 ml/2 sdt bubuk kayu manis

3 telur

Parutan kulit 1 lemon

30 ml/2 sendok makan gula bubuk yang diayak (bahan manisan).

Panaskan minyak dalam wajan kecil. Campur gula, tepung, baking powder dan kayu manis. Dalam mangkuk terpisah, kocok telur dan kulit lemon hingga berbusa. Campur bahan kering dan minyak untuk membuat adonan halus. Tuang adonan ke dalam loyang gulung (kaleng jeli) yang sudah diolesi minyak dan panggang dalam oven yang sudah dipanaskan sebelumnya pada suhu 180°C/350°F/tanda gas 4 selama 30 menit hingga berwarna keemasan. Balik, biarkan dingin, lalu potong segitiga dan taburi cookies (biskuit) dengan gula halus.

Kue Rempah Kuno

Jadikan 24

75 g/3 ons/1/3 cangkir mentega atau margarin

50g/2oz/¼ cangkir gula bubuk (halus).

45ml/3 sdm molase blackstrap

175 g/6 ons/¾ cangkir tepung terigu (serba guna).

5 ml/1 sdt bubuk kayu manis

5 ml/1 sdt bumbu halus (pai apel).

2,5 ml/½ sdt jahe bubuk

2,5 ml/½ sdt soda kue (baking soda)

Lelehkan mentega atau margarin, gula, dan sirup dengan api kecil. Campur tepung, rempah-rempah dan baking soda dalam mangkuk. Tuang ke dalam campuran sirup dan aduk hingga tercampur rata. Campur adonan lembut dan bentuk bola-bola kecil. Sebarkan dengan baik di atas loyang yang sudah diolesi minyak (biskuit) dan tekan rata dengan garpu. Panggang cookies (biskuit) dalam oven yang telah dipanaskan sebelumnya pada suhu 180°C/350°F/gas 4 selama 12 menit, hingga mengeras dan berwarna cokelat keemasan.

Kue molase

Jadikan 24

75 g/3 ons/1/3 cangkir mentega atau margarin, dilunakkan

100g/4oz/½ cangkir gula merah lembut

1 kuning telur

30 ml/2 sdm molase (molase blackstrap)

100 g/4 ons/1 cangkir tepung terigu (serba guna).

5 ml/1 sendok teh soda kue (baking soda)

Sejumput garam

5 ml/1 sdt bubuk kayu manis

2,5 ml/½ sdt bubuk cengkih

Kocok butter atau margarine dan gula hingga lembut dan mengembang. Kocok kuning telur dan tetes tebu secara bertahap. Campur tepung, baking soda, garam dan rempah-rempah dan aduk ke dalam campuran. Tutup dan dinginkan.

Gulung adonan menjadi 3 cm/1½ bola dan letakkan di atas loyang yang sudah diolesi minyak (untuk kue kering). Panggang cookies (biskuit) dalam oven yang telah dipanaskan sebelumnya pada suhu 180°C/350°F/tanda gas 4 selama 10 menit, hingga matang.

Kue dengan molase, aprikot, dan kenari

Menghasilkan sekitar 24

50 g/2 ons/¼ cangkir mentega atau margarin

50g/2oz/¼ cangkir gula bubuk (halus).

50 g/2 ons/¼ cangkir gula cokelat lembut

1 butir telur, kocok sebentar

2,5 ml/½ sdt soda kue (baking soda)

30 ml/2 sendok makan air hangat

45ml/3 sdm molase blackstrap

25 g/1 ons aprikot kering siap saji, cincang

25 g/1 ons/¼ cangkir kacang campur cincang

100 g/4 ons/1 cangkir tepung terigu (serba guna).

Sejumput garam

Sejumput cengkeh

Campur mentega atau margarin dan gula sampai ringan dan mengembang. Kocok telur secara bertahap. Campur baking soda dengan air, aduk ke dalam campuran dengan sisa bahan. Tempatkan sesendok penuh di atas loyang yang sudah diolesi minyak (kue) dan panggang dalam oven yang sudah dipanaskan sebelumnya pada suhu 180°C/350°F/tanda gas 4 selama 10 menit.

Kue dengan molase dan buttermilk

Jadikan 24

50 g/2 ons/¼ cangkir mentega atau margarin, dilunakkan

50 g/2 ons/¼ cangkir gula cokelat lembut

150 ml/¼ pt/2/3 cangkir sirup treacle hitam (molase)

150 ml/¼ pt/2/3 cangkir buttermilk

175g/6oz/1½ cangkir tepung terigu (serba guna).

2,5 ml/½ sdt soda kue (baking soda)

Kocok mentega atau margarin dan gula hingga ringan dan mengembang, lalu campurkan sirup molase dan buttermilk secara bergantian dengan tepung dan soda kue. Tempatkan sesendok besar di atas loyang yang sudah diolesi minyak (kue) dan panggang dalam oven yang sudah dipanaskan sebelumnya pada suhu 190°C/375°F/tanda gas 5 selama 10 menit.

Molasses dan Kue Kopi

Jadikan 24

60 g/2½ ons/1/3 cangkir lemak babi (pemendekan)

50 g/2 ons/¼ cangkir gula cokelat lembut

75 g/3 ons/¼ cangkir sirup treacle hitam (molase)

2,5 ml/½ sdt vanilla essence (ekstrak)

200g/7oz/1¾ cangkir tepung biasa (serbaguna).

5 ml/1 sendok teh soda kue (baking soda)

Sejumput garam

2,5 ml/½ sdt jahe bubuk

2,5 ml/½ sdt bubuk kayu manis

60 ml/4 sendok makan kopi hitam dingin

Campur shortening dan gula sampai ringan dan halus. Masukkan molase dan esensi vanila. Campur tepung terigu, baking soda, garam dan rempah-rempah dan aduk ke dalam adonan secara bergantian dengan kopi. Tutup dan dinginkan selama beberapa jam.

Pipihkan adonan setebal 5 mm/¼ dan potong menjadi 5 cm/2 lingkaran dengan pemotong kue. Tempatkan cookie di atas loyang yang tidak diberi minyak dan panggang dalam oven yang sudah dipanaskan sebelumnya pada suhu 190°C/375°F/gas 5 selama 10 menit, hingga keras saat disentuh.

Kue yang terbuat dari molase dan kurma

Menghasilkan sekitar 24

50 g/2 ons/¼ cangkir mentega atau margarin, dilunakkan

50g/2oz/¼ cangkir gula bubuk (halus).

50 g/2 ons/¼ cangkir gula cokelat lembut

1 butir telur, kocok sebentar

2,5 ml/½ sdt soda kue (baking soda)

30 ml/2 sendok makan air hangat

45ml/3 sdm molase blackstrap

25 g/1 ons/¼ cangkir kurma diadu, iris

100 g/4 ons/1 cangkir tepung terigu (serba guna).

Sejumput garam

Sejumput cengkeh

Campur mentega atau margarin dan gula sampai ringan dan halus. Kocok telur secara bertahap. Campur soda kue dengan air, lalu aduk ke dalam campuran dengan bahan lainnya. Tempatkan sesendok penuh di atas loyang yang sudah diolesi minyak (kue) dan panggang dalam oven yang sudah dipanaskan sebelumnya pada suhu 180°C/350°F/tanda gas 4 selama 10 menit.

Kue Jahe Molase

Jadikan 24

50 g/2 ons/¼ cangkir mentega atau margarin, dilunakkan

50 g/2 ons/¼ cangkir gula cokelat lembut

150 ml/¼ pt/2/3 cangkir sirup treacle hitam (molase)

150 ml/¼ pt/2/3 cangkir buttermilk

175g/6oz/1½ cangkir tepung terigu (serba guna).

2,5 ml/½ sdt soda kue (baking soda)

2,5 ml/½ sdt jahe bubuk

1 butir telur, kocok, untuk olesan

Kocok mentega atau margarin dan gula hingga ringan dan mengembang, lalu campurkan sirup molase dan buttermilk secara bergantian dengan tepung, soda kue, dan jahe bubuk. Dengan sendok besar, letakkan di atas loyang (kue) yang sudah diolesi minyak dan olesi dengan telur kocok di atasnya. Panggang dalam oven yang sudah dipanaskan pada suhu 190°C/375°F/tanda gas 5 selama 10 menit.

Kue vanila

Jadikan 24

150g/5oz/2/3 cangkir mentega atau margarin, dilunakkan

100g/4oz/½ cangkir gula keras (halus).

1 butir telur, kocok

225 g/8 ons/2 cangkir tepung terigu (mengembang sendiri).

Sejumput garam

10 ml/2 sdt vanilla essence (ekstrak)

Glacé (manisan) ceri untuk dekorasi

Kocok butter atau margarine dan gula hingga lembut dan mengembang. Kocok telur secara bertahap, lalu tambahkan tepung, garam, dan esens vanila, lalu aduk menjadi adonan. Uleni sampai halus. Bungkus dengan clingfilm (bungkus plastik) dan dinginkan selama 20 menit.

Ratakan adonan tipis-tipis dan potong lingkaran dengan pemotong kue. Susun di atas loyang yang sudah diolesi minyak (kue) dan letakkan ceri di masing-masingnya. Panggang kue dalam oven yang sudah dipanaskan sebelumnya pada suhu 180°C/350°F/tanda gas 4 selama 10 menit hingga berwarna cokelat keemasan. Biarkan dingin di atas loyang selama 10 menit sebelum dipindahkan ke rak kawat hingga dingin.

Kue kenari

Buat 36

100g/4oz/½ cangkir mentega atau margarin, dilunakkan

100g/4oz/½ cangkir gula merah lembut

100g/4oz/½ cangkir gula keras (halus).

1 butir telur besar, kocok sebentar

200g/7oz/1¾ cangkir tepung biasa (serbaguna).

5 ml/1 sdt baking powder

2,5 ml/½ sdt soda kue (baking soda)

120 ml/4 fl oz/½ cangkir buttermilk

50 g/2 ons/½ cangkir kenari, cincang

Campur mentega atau margarin dan gula sampai berbusa. Masukkan telur secara bertahap, lalu tambahkan tepung terigu, baking powder, dan baking soda secara bergantian dengan buttermilk. Lipat kenari. Jatuhkan sesendok kecil ke atas loyang yang sudah diolesi minyak dan panggang kue dalam oven yang sudah dipanaskan sebelumnya pada suhu 190°C/375°F/tanda gas 5 selama 10 menit.

Kue roti pendek

Jadikan 24

25g/1oz ragi segar atau 40ml/2½ sdm ragi kering

450 ml/¾ pt/2 cangkir susu hangat

900 g/2 lb/8 cangkir tepung terigu kuat (untuk roti).

175 g/6 ons/¾ cangkir mentega atau margarin, dilunakkan

30 ml/2 sendok makan madu murni

2 butir telur, kocok

Kocok telur untuk glasir

Campur ragi dengan sedikit susu hangat dan biarkan hangat selama 20 menit. Masukkan tepung ke dalam mangkuk dan gosokkan mentega atau margarin ke dalamnya. Campur ragi, sisa susu hangat, madu dan telur lalu aduk menjadi adonan yang lembut. Uleni di atas permukaan yang sudah ditaburi sedikit tepung sampai halus dan elastis. Tempatkan dalam mangkuk yang sudah diminyaki, tutupi dengan cling film yang sudah diminyaki (bungkus plastik) dan biarkan di tempat yang hangat selama 1 jam hingga ukurannya dua kali lipat.

Uleni lagi, lalu bentuk gulungan pipih panjang dan letakkan di atas loyang yang sudah diolesi minyak (kue). Tutup dengan foil makanan yang diminyaki dan biarkan di tempat yang hangat selama 20 menit.

Olesi dengan telur kocok dan panggang dalam oven yang sudah dipanaskan pada suhu 200°C/400°F/gas 6 selama 20 menit. Biarkan dingin semalaman.

Potong tipis-tipis, lalu panggang lagi di oven yang sudah dipanaskan sebelumnya dengan suhu 150°C/300°F/gas mark 2 selama 30 menit hingga garing dan kecokelatan.

Kue Cheddar

Buat 12

50 g/2 ons/¼ cangkir mentega atau margarin

200g/7oz/1¾ cangkir tepung biasa (serbaguna).

15 ml/1 sendok makan baking powder

Sejumput garam

50 g/2 ons/½ cangkir keju cheddar, parut

175 ml/6 fl oz/¾ cangkir susu

Oleskan mentega atau margarin ke dalam tepung, baking powder, dan garam hingga adonan menyerupai remah roti. Aduk keju, lalu tambahkan susu secukupnya untuk membuat adonan lembut. Pada permukaan yang diberi sedikit tepung, gulung setebal 2 cm/¾ dan potong menjadi lingkaran dengan pemotong kue. Atur biskuit (kerupuk) di atas loyang yang tidak diolesi minyak dan panggang dalam oven yang sudah dipanaskan sebelumnya pada suhu 200°C/400°F/gas 6 selama 15 menit hingga berwarna cokelat keemasan.

Kue keju biru

Buat 12

50 g/2 ons/¼ cangkir mentega atau margarin

200g/7oz/1¾ cangkir tepung biasa (serbaguna).

15 ml/1 sendok makan baking powder

50g/2oz/½ cangkir keju Stilton, parut atau remukkan

175 ml/6 fl oz/¾ cangkir susu

Oleskan mentega atau margarin ke dalam tepung dan baking powder hingga adonan menyerupai remah roti. Aduk keju, lalu tambahkan susu secukupnya untuk membuat adonan lembut. Pada permukaan yang diberi sedikit tepung, gulung setebal 2 cm/¾ dan potong menjadi lingkaran dengan pemotong kue. Atur biskuit (kerupuk) di atas loyang yang tidak diolesi minyak dan panggang dalam oven yang sudah dipanaskan sebelumnya pada suhu 200°C/400°F/gas 6 selama 15 menit hingga berwarna cokelat keemasan.

Biskuit dengan keju dan wijen

Jadikan 24

75 g/3 ons/1/3 cangkir mentega atau margarin

75 g/3 ons/¾ cangkir tepung gandum utuh (whole wheat).

75 g/3 ons/¾ cangkir keju cheddar, parut

30 ml/2 sdm biji wijen

Garam dan lada hitam yang baru ditumbuk

1 butir telur, kocok

Gosokkan mentega atau margarin ke dalam tepung sampai campurannya menyerupai remah roti. Aduk keju dan setengah biji wijen dan bumbui dengan garam dan merica. Tekan bersama untuk membentuk adonan yang keras. Giling adonan di atas permukaan yang ditaburi sedikit tepung hingga setebal 5 mm/¼ dan potong menjadi lingkaran dengan pemotong kue. Letakkan biskuit (kerupuk) di atas loyang (biskuit) yang sudah diolesi minyak, olesi dengan telur dan taburi dengan sisa wijen. Panggang dalam oven yang sudah dipanaskan pada suhu 190°C/375°F/tanda gas 5 selama 10 menit hingga berwarna cokelat keemasan.

Stik Keju

Buat 16

225g/8oz kue puff

1 butir telur, kocok

100g/4oz/1 cangkir cheddar atau keju keras, parut

15 ml/1 sendok makan keju parmesan parut

Garam dan lada hitam yang baru ditumbuk

Giling adonan (pasta) hingga setebal 5 mm/¼ dan lapisi dengan telur kocok. Taburi dengan keju dan bumbui dengan garam dan merica secukupnya. Potong-potong, yang digulung perlahan menjadi spiral. Letakkan di atas loyang yang sudah dibasahi dan panggang dalam oven yang sudah dipanaskan sebelumnya pada suhu 220°C/425°F/gas 7 selama sekitar 10 menit, hingga mengembang dan berwarna keemasan.

Biskuit dengan keju dan tomat

Buat 12

50 g/2 ons/¼ cangkir mentega atau margarin

200g/7oz/1¾ cangkir tepung biasa (serbaguna).

15 ml/1 sendok makan baking powder

Sejumput garam

50 g/2 ons/½ cangkir keju cheddar, parut

15 ml/1 sendok makan pure tomat (pasta)

150 ml/¼ pt/2/3 cangkir susu

Oleskan mentega atau margarin ke dalam tepung, baking powder, dan garam hingga adonan menyerupai remah roti. Aduk keju, lalu aduk pure tomat dan susu secukupnya untuk membuat adonan lembut. Pada permukaan yang diberi sedikit tepung, gulung setebal 2 cm/¾ dan potong menjadi lingkaran dengan pemotong kue. Susun biskuit (cracker) di atas loyang yang tidak diolesi minyak dan panggang dalam oven yang sudah dipanaskan sebelumnya pada suhu 200°C/400°F/gas 6 selama 15 menit hingga berwarna cokelat keemasan.

Gigitan dengan keju kambing

Jadikan 30

2 lembar adonan filo beku (pasta), dicairkan

50g/2oz/¼ cangkir mentega tawar, lelehkan

50 g/2 ons/½ cangkir keju kambing potong dadu

5 ml/1 sendok teh Herbal de Provence

Olesi loyang phyllo dengan mentega cair, letakkan lembaran kedua di atasnya dan olesi dengan mentega. Potong menjadi 30 kotak yang sama, letakkan sepotong keju di masing-masing kotak dan taburi dengan bumbu. Satukan sudut-sudutnya dan putar untuk menutup rapat, lalu olesi lagi dengan mentega cair. Letakkan di atas loyang yang sudah diolesi minyak (untuk biskuit) dan panggang dalam oven yang sudah dipanaskan sebelumnya dengan suhu 180°C/350°F/tanda gas 4 selama 10 menit hingga renyah dan berwarna cokelat keemasan.

Gulungan dengan ham dan mustard

Buat 16

225g/8oz kue puff

30 ml/2 sendok makan mustard Prancis

100 g/4 ons/1 cangkir ham matang, cincang

Garam dan lada hitam yang baru ditumbuk

Pipihkan adonan (pasta) hingga setebal 5 mm/¼. Oleskan dengan mustard, lalu taburi dengan ham dan bumbui dengan garam dan merica. Gulung adonan menjadi bentuk sosis panjang, lalu potong menjadi 1 cm/½ irisan dan oleskan di atas loyang yang sudah dibasahi (untuk kue kering). Panggang dalam oven yang sudah dipanaskan pada suhu 220°C/425°F/tanda gas 7 selama sekitar 10 menit, hingga mengembang dan berwarna keemasan.

Biskuit dengan ham dan paprika

Jadikan 30

225 g/8 ons/2 cangkir tepung terigu (serba guna).

15 ml/1 sendok makan baking powder

5 ml/1 sdt timi kering

5 ml/1 sendok teh gula bubuk (halus).

2,5 ml/½ sdt jahe bubuk

Sejumput pala parut

Sejumput soda kue (baking soda)

Garam dan lada hitam yang baru ditumbuk

50 g/2 ons/¼ cangkir pemendekan sayuran (lemak)

50 g/2 ons/½ cangkir ham matang, cincang

30 ml/2 sendok makan paprika hijau cincang halus

175 ml/6 fl oz/¾ cangkir buttermilk

Campur tepung terigu, baking powder, thyme, gula, jahe, pala, baking soda, garam dan merica. Oleskan lemak nabati hingga campurannya menyerupai remah roti. Aduk ham dan merica. Secara bertahap tambahkan buttermilk dan aduk menjadi adonan lembut. Uleni selama beberapa detik pada permukaan yang diberi sedikit tepung sampai halus. Giling hingga setebal 2 cm/¾ dan potong berbentuk cincin dengan pemotong kue. Tempatkan biskuit, beri jarak dengan baik, di atas loyang yang sudah diolesi minyak dan panggang dalam oven yang sudah dipanaskan sebelumnya pada suhu 220°C/425°F/tanda gas 7 selama 12 menit, sampai mengembang dan berwarna keemasan.

Kue herbal sederhana

Buat 8

225 g/8 ons/2 cangkir tepung terigu (serba guna).

15 ml/1 sendok makan baking powder

5 ml/1 sendok teh gula bubuk (halus).

2,5 ml/½ sdt garam

50 g/2 ons/¼ cangkir mentega atau margarin

15 ml/1 sendok makan kucai segar cincang

Sejumput paprika

Lada hitam yang baru ditumbuk

45 ml/3 sendok makan susu

45 ml/3 sendok makan air

Campur tepung terigu, baking powder, gula dan garam. Gosokkan mentega atau margarin sampai campurannya menyerupai remah roti. Campur daun bawang, paprika dan merica sesuai selera. Aduk susu dan air dan campur menjadi adonan lembut. Uleni hingga halus di atas permukaan yang sudah ditaburi sedikit tepung, lalu gulung hingga setebal 2 cm/¾ dan potong lingkaran dengan pemotong kue. Tempatkan biskuit (kerupuk) dengan baik di atas nampan (biskuit) yang diolesi minyak dan panggang dalam oven yang sudah dipanaskan sebelumnya pada suhu 200°C/400°F/tanda gas 6 selama 15 menit sampai mengembang dan berwarna keemasan.

kue India

Melayani 4

100 g/4 ons/1 cangkir tepung terigu (serba guna).

100 g/4 ons/1 cangkir semolina (krim gandum)

175g/6oz/¾ cangkir (sangat halus) gula

75 g/3 ons/¾ cangkir gram tepung

175 g/6 ons/¾ cangkir ghee

Campur semua bahan dalam mangkuk, lalu gosokkan dengan telapak tangan untuk membuat adonan yang kaku. Anda mungkin membutuhkan lebih banyak ghee jika campurannya terlalu kering. Bentuk bola-bola kecil dan tekan ke dalam cetakan kue (kerupuk). Letakkan di atas loyang yang sudah diolesi minyak dan dialasi (untuk biskuit) dan panggang dalam oven yang sudah dipanaskan sebelumnya pada suhu 150°C/300°F/tanda gas 2 selama 30-40 menit sampai agak kecokelatan. Retakan kecil mungkin muncul selama memanggang kue.

Kue pendek dengan hazelnut dan bawang merah

Buat 12

75 g/3 ons/1/3 cangkir mentega atau margarin, dilunakkan

175 g/6 ons/1½ cangkir tepung gandum utuh (whole wheat).

10 ml/2 sdt baking powder

1 bawang merah, cincang halus

50 g/2 ons/½ cangkir hazelnut cincang

10 ml/2 sdt paprika

15 ml/1 sendok makan air dingin

Oleskan mentega atau margarin ke dalam tepung dan baking powder hingga adonan menyerupai remah roti. Masukkan bawang merah, hazelnut, dan paprika. Tambahkan air dingin dan tekan bersama untuk membuat adonan. Ratakan dan tekan ke dalam loyang gulung Swiss (jelly roll pan) ukuran 30 x 20 cm/12 x 8 dan tusuk-tusuk seluruhnya dengan garpu. Tandai di jari. Panggang dalam oven yang sudah dipanaskan pada suhu 200°C/400°F/tanda gas 6 selama 10 menit hingga berwarna cokelat keemasan.

Biskuit dengan salmon dan dill

Buat 12

225 g/8 ons/2 cangkir tepung terigu (serba guna).

5 ml/1 sendok teh gula bubuk (halus).

2,5 ml/½ sdt garam

20 ml/4 sdt baking powder

100g/4oz/½ cangkir mentega atau margarin, potong dadu

90 ml/6 sendok makan air

90 ml/6 sendok makan susu

100 g/4 ons/1 cangkir hiasan salmon asap, potong dadu

60 ml/4 sendok makan adas segar cincang (dill grass)

Campur tepung terigu, gula pasir, garam dan baking powder, lalu campurkan mentega atau margarin hingga adonan menyerupai remah roti. Secara bertahap aduk susu dan air dan campur menjadi adonan lembut. Aduk salmon dan adas dan aduk sampai rata. Ratakan hingga 2,5 cm/1 dan potong berbentuk cincin dengan pemotong kue. Tempatkan biskuit (kerupuk) dengan baik di atas nampan (biskuit) yang diolesi minyak dan panggang dalam oven yang sudah dipanaskan sebelumnya pada suhu 220°C/425°F/tanda gas 7 selama 15 menit sampai mengembang dan berwarna cokelat keemasan.

Kue soda

Buat 12

45 ml/3 sendok makan lemak babi (lard)

225 g/8 ons/2 cangkir tepung terigu (serba guna).

5 ml/1 sendok teh soda kue (baking soda)

5 ml/1 sendok teh asam tartarat

Sejumput garam

250 ml/8 fl oz/1 cangkir susu mentega

Gosokkan lemak babi ke dalam tepung, baking soda, cream of tartar, dan garam sampai campurannya menyerupai remah roti. Aduk susu dan campur menjadi adonan lembut. Pada permukaan yang diberi sedikit tepung, gulung hingga setebal 1 cm/½ dan potong dengan pemotong kue. Tempatkan biskuit (kerupuk) di atas loyang yang sudah diolesi minyak (biskuit) dan panggang dalam oven yang sudah dipanaskan sebelumnya pada suhu 230°C/450°F/tanda gas 8 selama 10 menit hingga berwarna keemasan.

Mawar dengan tomat dan parmesan

Buat 16

225g/8oz kue puff

30 ml/2 sdm pure tomat (pasta)

100 g/4 ons/1 cangkir keju Parmesan, parut

Garam dan lada hitam yang baru ditumbuk

Pipihkan adonan (pasta) hingga setebal 5 mm/¼. Oleskan dengan pure tomat, lalu taburi keju dan bumbui dengan garam dan merica. Gulung adonan menjadi bentuk sosis panjang, lalu potong menjadi 1 cm/½ irisan dan oleskan di atas loyang yang sudah dibasahi (untuk kue kering). Panggang dalam oven yang sudah dipanaskan pada suhu 220°C/425°F/tanda gas 7 selama sekitar 10 menit, hingga mengembang dan berwarna keemasan.

Kue tomat dan ramuan

Buat 12

225 g/8 ons/2 cangkir tepung terigu (serba guna).

5 ml/1 sendok teh gula bubuk (halus).

2,5 ml/½ sdt garam

40 ml/2½ sdm baking powder

100g/4oz/½ cangkir mentega atau margarin

30 ml/2 sendok makan susu

30 ml/2 sendok makan air

4 tomat matang, kupas, buang bijinya dan iris

45ml/3 sdm kemangi segar cincang

Campur tepung, gula, garam dan baking powder. Gosokkan mentega atau margarin sampai campurannya menyerupai remah roti. Aduk susu, air, tomat, dan kemangi, lalu aduk menjadi adonan lembut. Uleni selama beberapa detik di atas permukaan yang ditaburi sedikit tepung, lalu gulung hingga ketebalan 2,5 cm/l dan potong lingkaran dengan pemotong kue. Tempatkan kue dengan baik di atas loyang yang sudah diolesi minyak dan panggang dalam oven yang sudah dipanaskan sebelumnya pada suhu 230°C/425°F/tanda gas 7 selama 15 menit, sampai mengembang dan berwarna keemasan.

Roti putih dasar

Membuat tiga roti 450g/1lb

25g/1oz ragi segar atau 40ml/2½ sdm ragi kering

10 ml/2 sendok teh gula

900 ml/1½ pt/3¾ gelas air hangat

Pemendekan 25g/1oz/2tbsp

1,5 kg/3 lb/12 cangkir tepung terigu (roti) yang kuat

15 ml/1 sendok makan garam

Campur ragi dengan gula dan sedikit air hangat dan biarkan di tempat hangat selama 20 menit hingga berbusa. Gosokkan lemak babi ke dalam tepung dan garam, lalu aduk campuran ragi dan air yang tersisa secukupnya untuk membentuk adonan yang keras sehingga sisi mangkuk tetap bersih. Uleni di atas permukaan yang sudah ditaburi sedikit tepung atau di dalam mixer hingga menjadi elastis dan tidak lengket. Tempatkan adonan dalam mangkuk yang sudah diminyaki, tutupi dengan cling film yang sudah diminyaki (bungkus plastik) dan biarkan di tempat yang hangat selama kurang lebih 1 jam, hingga ukurannya dua kali lipat dan elastis saat disentuh.

Uleni adonan lagi sampai keras, bagi menjadi tiga dan masukkan ke dalam loyang roti berukuran 450g/1lb (loyang roti) yang sudah diolesi minyak atau bentuk menjadi roti pilihan Anda. Tutup dan biarkan mengembang di tempat yang hangat selama kurang lebih 40 menit, sehingga adonan mencapai tepat di atas cetakan.

Panggang dalam oven yang sudah dipanaskan sebelumnya pada suhu 230°C/450°F/tanda gas 8 selama 30 menit, sampai roti mulai menyusut dari sisi kaleng dan berwarna keemasan dan kokoh serta berongga saat diketuk di bagian bawah.

roti bagel

Buat 12

15 g/½ oz ragi segar atau 20 ml/4 sdt ragi kering

5 ml/1 sendok teh gula bubuk (halus).

300 ml/½ pt/1¼ cangkir susu hangat

50 g/2 ons/¼ cangkir mentega atau margarin

450 g/1 pon/4 cangkir tepung terigu kuat (untuk roti).

Sejumput garam

1 kuning telur

30 ml/2 sendok makan biji poppy

Campur ragi dengan gula dan sedikit susu hangat dan biarkan di tempat hangat selama 20 menit hingga berbusa. Gosok mentega atau margarin ke dalam tepung dan garam dan buat lubang di tengahnya. Tambahkan ragi, sisa susu hangat dan kuning telur dan aduk adonan halus. Uleni hingga adonan kalis dan tidak lengket lagi. Tempatkan dalam mangkuk yang sudah diminyaki, tutupi dengan cling film yang sudah diminyaki (bungkus plastik) dan biarkan di tempat yang hangat selama sekitar 1 jam hingga ukurannya dua kali lipat.

Uleni adonan sedikit, lalu potong menjadi 12 bagian. Gulung masing-masing menjadi strip dengan panjang sekitar 15 cm dan gulung menjadi cincin. Letakkan di atas loyang yang sudah diolesi minyak (kue), tutup dan biarkan mengembang selama 15 menit.

Didihkan air dalam panci besar, lalu kecilkan api hingga mendidih. Masukkan cincin ke dalam air mendidih dan masak selama 3 menit, balik sekali, lalu angkat dan letakkan di atas loyang (kue). Lanjutkan dengan bagel yang tersisa. Taburkan bagel dengan biji poppy dan panggang dalam oven yang sudah dipanaskan sebelumnya pada suhu 230°C/450°F/gas 8 selama 20 menit hingga berwarna cokelat keemasan.

Baps

Buat 12

25g/1oz ragi segar atau 40ml/2½ sdm ragi kering

5 ml/1 sendok teh gula bubuk (halus).

150 ml/¼ pt/2/3 cangkir susu hangat

50 g/2 ons/¼ cangkir lemak babi (pemendekan lemak)

450 g/1 pon/4 cangkir tepung terigu kuat (untuk roti).

5 ml/1 sdt garam

150 ml/¼ pt/2/3 cangkir air hangat

Campur ragi dengan gula dan sedikit susu hangat dan biarkan di tempat hangat selama 20 menit hingga berbusa. Gosokkan lemak babi ke dalam tepung, lalu masukkan garam dan buat lubang di tengahnya. Tambahkan ragi, sisa susu dan air, lalu aduk adonan lembut. Uleni hingga elastis dan tidak lengket. Tempatkan dalam mangkuk yang diminyaki dan tutupi dengan cling film yang diminyaki (bungkus plastik). Biarkan di tempat yang hangat hingga ukurannya dua kali lipat, sekitar 1 jam.

Bentuk adonan menjadi 12 gulungan pipih dan letakkan di atas loyang yang sudah diolesi minyak. Biarkan mengembang selama 15 menit.

Panggang dalam oven yang sudah dipanaskan pada suhu 230°C/450°F/gas 8 selama 15-20 menit, hingga mengembang dan berwarna keemasan.

Roti Barley Krim

Membuat satu roti 900g/2lb

15 g/½ oz ragi segar atau 20 ml/4 sdt ragi kering

Sedikit gula

350 ml/12 fl oz/1½ gelas air hangat

400g/14oz/3½ cangkir tepung terigu kuat (untuk roti).

175 g/6 ons/1½ cangkir tepung jelai

Sejumput garam

45ml/3 sdm krim tunggal (ringan).

Campur ragi dengan gula dan sedikit air hangat dan biarkan di tempat hangat selama 20 menit hingga berbusa. Campur tepung dan garam dalam mangkuk, tambahkan campuran ragi, krim dan sisa air dan aduk adonan yang kuat. Uleni hingga kalis dan tidak lengket lagi. Tempatkan dalam mangkuk yang sudah diminyaki, tutupi dengan cling film yang sudah diminyaki (bungkus plastik) dan biarkan di tempat yang hangat selama sekitar 1 jam hingga ukurannya dua kali lipat.

Uleni sedikit lagi, lalu bentuk menjadi loyang 900g/2lb (loyang roti) yang sudah diolesi minyak, tutup dan biarkan di tempat yang hangat selama 40 menit agar adonan naik di atas bagian atas loyang.

Panggang dalam oven yang sudah dipanaskan pada suhu 220°C/425°F/tanda gas 7 selama 10 menit, lalu turunkan suhu oven menjadi 190°C/375°F/tanda gas 5 dan panggang lagi selama 25 menit, hingga berwarna cokelat keemasan dan kosong. - terdengar saat mengenai pangkalan.

Roti bir

Membuat satu roti 900g/2lb

450 g/1 pon/4 cangkir tepung yang mengembang sendiri (mengembang sendiri).

5 ml/1 sdt garam

350 ml/12 fl oz/1½ gelas lager

Campur bahan menjadi adonan halus. Bentuk menjadi loyang roti 900g/2lb yang sudah diolesi minyak, tutup dan biarkan mengembang di tempat yang hangat selama 20 menit. Panggang dalam oven yang sudah dipanaskan sebelumnya pada suhu 190°C/375°F/tanda gas 5 selama 45 menit, hingga berwarna cokelat keemasan dan berlubang saat diketuk di bagian bawah.

Roti coklat Boston

Membuat tiga roti 450g/1lb

100 g/4 ons/1 cangkir tepung gandum hitam

100 g/4 ons/1 cangkir tepung jagung

100 g/4 ons/1 cangkir tepung gandum utuh (whole wheat).

5 ml/1 sendok teh soda kue (baking soda)

5 ml/1 sdt garam

250 g/9 ons/¾ cangkir sirup treacle hitam (molase)

500 ml/16 fl oz/2 cangkir susu mentega

175 g/6 ons/1 cangkir kismis

Campur bahan kering, lalu campur sirup molase, buttermilk dan kismis dan aduk menjadi adonan lembut. Masukkan adonan ke dalam tiga loyang puding 450g/1lb yang sudah diolesi minyak, tutupi dengan kertas minyak (berlilin) dan foil dan ikat dengan benang untuk menutup bagian atasnya. Tempatkan dalam panci besar dan isi dengan air panas secukupnya hingga separuh sisi panci. Rebus air, tutup panci dan biarkan mendidih selama 2 setengah jam, tambahkan air mendidih jika perlu. Keluarkan mangkuk dari loyang dan biarkan agak dingin. Sajikan hangat dengan mentega.

Pot Bunga Dedak

lakukan 3

25g/1oz ragi segar atau 40ml/2½ sdm ragi kering

5 ml/1 sendok teh gula

600 ml/1 pt/2½ gelas air suam-suam kuku

675 g/1½ lb/6 cangkir tepung gandum utuh (whole wheat).

25 g/1 ons/¼ cangkir tepung kedelai

5 ml/1 sdt garam

50 g/2 ons/1 cangkir dedak

Susu untuk icing

45 ml/3 sendok makan gandum yang dihancurkan

Anda membutuhkan tiga pot bunga tanah liat baru yang bersih 13cm/5. Olesi dengan baik dan panggang dalam oven panas selama 30 menit agar tidak pecah.

Campur ragi dengan gula dan sedikit air hangat dan biarkan berbusa. Campur tepung terigu, garam dan dedak, buat lubang di tengahnya. Campur air hangat dan campuran ragi dan uleni adonan yang keras. Balikkan ke permukaan tepung dan uleni selama sekitar 10 menit sampai halus dan elastis. Pilihan lain adalah melakukan ini dalam food processor. Tempatkan adonan dalam mangkuk bersih, tutupi dengan cling film (bungkus plastik) yang sudah diolesi minyak dan biarkan mengembang di tempat yang hangat selama kurang lebih 1 jam hingga mengembang dua kali lipat.

Balikkan ke permukaan tepung dan uleni lagi selama 10 menit. Bentuk tiga pot bunga yang sudah diolesi minyak, tutup dan biarkan mengembang selama 45 menit, agar adonan naik di atas bagian atas pot.

Olesi adonan dengan susu dan taburi dengan sereal yang dihancurkan. Panggang dalam oven yang sudah dipanaskan pada suhu 230°C/450°F/tanda gas 8 selama 15 menit. Kurangi suhu oven menjadi 200°C/400°F/tanda gas 6 dan panggang lagi selama 30 menit sampai mengembang dan mengeras. Angkat dan biarkan dingin.

Mentega gulung

Buat 12

450g/1lb adonan roti putih dasar

100g/4oz/½ cangkir mentega atau margarin, potong dadu

Buat adonan roti dan biarkan mengembang hingga dua kali lipat dan elastis saat disentuh.

Uleni adonan lagi dan campur dengan mentega atau margarin. Bentuk 12 pangsit dan letakkan dengan baik di atas loyang yang sudah diolesi minyak (kue). Tutupi dengan cling film yang sudah diminyaki (bungkus plastik) dan biarkan mengembang di tempat yang hangat selama kurang lebih 1 jam hingga mengembang dua kali lipat.

Panggang dalam oven yang sudah dipanaskan sebelumnya pada suhu 230°C/450°F/tanda gas 8 selama 20 menit, hingga berwarna cokelat keemasan dan berlubang saat diketuk di bagian bawah.

Roti mentega susu

Menghasilkan satu roti seberat 675g/1½lb

450 g/1 pon/4 cangkir tepung biasa (serbaguna).

5 ml/1 sendok teh asam tartarat

5 ml/1 sendok teh soda kue (baking soda)

250 ml/8 fl oz/1 cangkir susu mentega

Campur tepung, krim anggur, dan soda kue dalam mangkuk dan buat lubang di tengahnya. Masukkan buttermilk secukupnya untuk membuat adonan lembut. Bentuk menjadi lingkaran dan letakkan di atas loyang yang sudah diolesi minyak. Panggang dalam oven yang sudah dipanaskan pada suhu 220°C/425°F/tanda gas 7 selama 20 menit, hingga mengembang dengan baik dan berwarna cokelat keemasan.

roti jagung Kanada

Membuat satu roti berukuran 23cm/9

150g/5oz/1¼ cangkir tepung terigu (serba guna).

75 g/3 ons/¾ cangkir tepung jagung

15 ml/1 sendok makan baking powder

2,5 ml/½ sdt garam

100 g/4 ons/1/3 cangkir sirup maple

100 g/4 ons/½ cangkir lemak babi (lemak babi yang disingkat), dirender

2 butir telur, kocok

Campurkan bahan kering, lalu masukkan sirup, shortening, dan telur, aduk hingga tercampur rata. Sendokkan ke dalam loyang berukuran 23cm/9 yang telah diolesi minyak dan panggang dalam oven yang telah dipanaskan sebelumnya pada suhu 220°C/425°F/tanda gas 7 selama 25 menit, hingga mengembang dengan baik dan berwarna cokelat keemasan dan mulai mengecil di sekeliling sisinya. dari timah.

Gulungan Cornish

Buat 12

25g/1oz ragi segar atau 40ml/2½ sdm ragi kering

15 ml/1 sendok makan gula (sangat halus).

300 ml/½ pt/1¼ cangkir susu hangat

50 g/2 ons/¼ cangkir mentega atau margarin

450 g/1 pon/4 cangkir tepung terigu kuat (untuk roti).

Sejumput garam

Campur ragi dengan gula dan sedikit susu hangat dan biarkan di tempat hangat selama 20 menit hingga berbusa. Gosok mentega atau margarin ke dalam tepung dan garam dan buat lubang di tengahnya. Tambahkan ragi dan sisa susu dan aduk adonan lembut. Uleni hingga elastis dan tidak lengket. Tempatkan dalam mangkuk yang diminyaki dan tutupi dengan cling film yang diminyaki (bungkus plastik). Biarkan di tempat yang hangat hingga ukurannya dua kali lipat, sekitar 1 jam.

Bentuk adonan menjadi 12 gulungan pipih dan letakkan di atas loyang yang sudah diolesi minyak. Tutupi dengan foil makanan yang diminyaki dan biarkan mengembang selama 15 menit.

Panggang dalam oven yang sudah dipanaskan pada suhu 230°C/450°F/gas 8 selama 15-20 menit, hingga mengembang dan berwarna keemasan.

Roti negara

Membuat enam roti kecil

10 ml/2 sdt ragi kering

15 ml/1 sendok makan madu murni

120 ml/4 fl oz/½ gelas air hangat

350g/12oz/3 cangkir tepung terigu (roti) tugas berat

5 ml/1 sdt garam

50 g/2 ons/¼ cangkir mentega atau margarin

5 ml/1 sendok teh biji jintan

5 ml/1 sdt ketumbar bubuk

5 ml/1 sdt kapulaga bubuk

120 ml/4 fl oz/½ cangkir susu hangat

60 ml/4 sdm biji wijen

Campurkan ragi dan madu dengan 45ml/3 sdm air hangat dan 15ml/1 sdm tepung terigu dan diamkan di tempat hangat selama kurang lebih 20 menit hingga berbusa. Campur sisa tepung dengan garam, lalu olesi mentega atau margarin dan campur jintan, ketumbar dan kapulaga dan buat lubang di tengahnya. Campur ragi, sisa air dan susu secukupnya untuk membuat adonan halus. Uleni hingga kalis dan tidak lengket lagi. Tempatkan dalam mangkuk yang sudah diminyaki, tutupi dengan cling film yang sudah diminyaki (bungkus plastik) dan biarkan di tempat yang hangat selama sekitar 30 menit hingga ukurannya dua kali lipat.

Uleni kembali adonan, lalu bentuk menjadi pipih. Letakkan di atas loyang yang sudah diolesi minyak (kue) dan tutupi dengan susu. Taburi dengan wijen. Tutupi dengan foil makanan yang diminyaki dan biarkan mengembang selama 15 menit.

Panggang dalam oven yang sudah dipanaskan pada suhu 200°C/400°F/gas 6 selama 30 menit hingga berwarna keemasan.

Jalinan Poppy Negara

Membuat satu roti 450g/1lb

275g/10oz/2½ cangkir tepung terigu (serba guna).

25g/1oz/2 sdm gula kastor (halus).

5 ml/1 sdt garam

10ml/2 sdt ragi kering agar mudah dicampur

175 ml/6 fl oz/¾ cangkir susu

25 g/1 ons/2 sdm mentega atau margarin

1 telur

Sedikit susu atau putih telur untuk glasir

30 ml/2 sendok makan biji poppy

Campur tepung, gula, garam dan ragi. Hangatkan susu dengan mentega atau margarin, lalu campurkan tepung dan telur dan uleni adonan yang keras. Uleni hingga elastis dan tidak lengket. Tempatkan dalam mangkuk yang sudah diminyaki, tutupi dengan cling film yang sudah diminyaki (bungkus plastik) dan biarkan di tempat yang hangat selama sekitar 1 jam hingga ukurannya dua kali lipat.

Uleni lagi dan bentuk tiga bentuk sosis dengan panjang sekitar 20cm. Basahi salah satu ujung setiap setrip dan jepit menjadi satu, lalu kepang setrip menjadi satu, basahi dan rekatkan ujungnya. Letakkan di atas nampan (kue) yang sudah diolesi minyak, tutupi dengan cling film yang sudah diminyaki dan biarkan mengembang selama sekitar 40 menit hingga ukurannya dua kali lipat.

Olesi dengan susu atau putih telur dan taburi dengan biji poppy. Panggang dalam oven yang sudah dipanaskan pada suhu 190°C/375°F/tanda gas 5 selama kurang lebih 45 menit hingga berwarna cokelat keemasan.

Roti gandum negara

Membuat dua roti 450g/1lb

20 ml/4 sdt ragi kering

5 ml/1 sendok teh gula bubuk (halus).

600 ml/1 pt/2½ gelas air hangat

25g/1oz/2tbsp pemendekan sayuran (lemak)

800 g/1¾ lb/7 cangkir tepung gandum utuh (whole wheat).

10 ml/2 sdt garam

10 ml/2 sendok teh ekstrak malt

1 butir telur, kocok

25 g/1 ons/¼ cangkir gandum retak

Campur ragi dengan gula dan sedikit air hangat dan biarkan berbuih selama kurang lebih 20 menit. Gosok lemak ke dalam tepung, garam dan ekstrak malt dan buat lubang di tengahnya. Aduk ragi dan sisa air hangat dan aduk menjadi adonan lembut. Uleni dengan baik agar menjadi elastis dan tidak lengket. Tempatkan dalam mangkuk yang sudah diminyaki, tutupi dengan cling film yang sudah diminyaki (bungkus plastik) dan biarkan di tempat yang hangat selama sekitar 1 jam hingga ukurannya dua kali lipat.

Uleni adonan lagi dan bentuk menjadi dua loyang roti 450g/1lb yang sudah diolesi minyak. Biarkan mengembang di tempat yang hangat selama kurang lebih 40 menit, hingga adonan mengembang tepat di atas bagian atas cetakan.

Olesi bagian atas roti secara bebas dengan telur dan taburi dengan gandum yang dihancurkan. Panggang dalam oven yang sudah dipanaskan sebelumnya pada suhu 230°C/450°F/tanda gas 8 selama kurang lebih 30 menit, hingga berwarna cokelat keemasan dan berlubang saat diketuk di bagian bawah.

Kepang kari

Membuat dua roti 450g/1lb

120 ml/4 fl oz/½ gelas air hangat

30 ml/2 sendok makan ragi kering

225 g/8 ons/2/3 cangkir madu murni

25 g/1 ons/2 sdm mentega atau margarin

30 ml/2 sdm bubuk kari

675 g/1½ lb/6 cangkir tepung terigu (serba guna)

10 ml/2 sdt garam

450 ml/¾ pt/2 cangkir susu mentega

1 telur

10 ml/2 sdt air

45 ml/3 sdm kacang almond yang dipotong-potong

Campurkan air dengan ragi dan 5ml/1 sendok teh madu dan diamkan selama 20 menit hingga berbusa. Lelehkan mentega atau margarin, campur kari dan masak dengan api kecil selama 1 menit. Aduk madu yang tersisa dan angkat. Masukkan setengah tepung dan garam ke dalam mangkuk dan buat lubang di tengahnya. Tambahkan campuran ragi, campuran madu dan buttermilk dan secara bertahap tambahkan sisa tepung ke adonan lembut sambil diaduk. Uleni hingga kalis dan elastis. Tempatkan dalam mangkuk yang sudah diminyaki, tutupi dengan cling film yang sudah diminyaki dan biarkan di tempat yang hangat selama sekitar 1 jam hingga ukurannya dua kali lipat.

Uleni lagi dan bagi adonan menjadi dua. Potong setiap bagian menjadi tiga dan gulung hingga 20cm/8 dalam bentuk sosis. Basahi salah satu ujung setiap strip dan cubit bersama dalam dua set tiga untuk menutup. Kepang kedua set strip dan rekatkan ujungnya. Letakkan di atas loyang yang sudah diolesi minyak (kue), tutupi dengan kertas makanan yang diminyaki (bungkus plastik) dan biarkan mengembang selama sekitar 40 menit hingga ukurannya dua kali lipat.

Kocok telur dengan air dan lapisi roti dengan kuas, lalu taburi dengan almond. Panggang dalam oven yang sudah dipanaskan sebelumnya pada suhu 190°C/375°F/tanda gas 5 selama 40 menit, hingga berwarna cokelat keemasan dan berlubang saat diketuk di bagian bawah.

Perpecahan Devon

Buat 12

25g/1oz ragi segar atau 40ml/2½ sdm ragi kering

5 ml/1 sendok teh gula bubuk (halus).

150 ml/¼ pt/2/3 cangkir susu hangat

50 g/2 ons/¼ cangkir mentega atau margarin

450 g/1 pon/4 cangkir tepung terigu kuat (untuk roti).

150 ml/¼ pt/2/3 cangkir air hangat

Campur ragi dengan gula pasir dan sedikit susu hangat lalu diamkan di tempat hangat selama 20 menit hingga berbusa. Oleskan mentega atau margarin ke dalam tepung dan buat lubang di tengahnya. Tambahkan ragi, sisa susu dan air, lalu aduk adonan lembut. Uleni hingga elastis dan tidak lengket. Tempatkan dalam mangkuk yang diminyaki dan tutupi dengan cling film yang diminyaki (bungkus plastik). Biarkan di tempat yang hangat hingga ukurannya dua kali lipat, sekitar 1 jam.

Bentuk adonan menjadi 12 gulungan pipih dan letakkan di atas loyang yang sudah diolesi minyak. Biarkan mengembang selama 15 menit.

Panggang dalam oven yang sudah dipanaskan pada suhu 230°C/450°F/tanda gas 8 selama 15-20 menit, hingga mengembang dengan baik dan berwarna cokelat keemasan.

Roti dengan bibit gandum buah

Membuat satu roti 900g/2lb

225 g/8 ons/2 cangkir tepung terigu (serba guna).

5 ml/1 sdt garam

5 ml/1 sendok teh soda kue (baking soda)

5 ml/1 sdt baking powder

175 g/6 ons/1½ cangkir bibit gandum

100 g/4 ons/1 cangkir tepung jagung

100 g/4 ons/1 cangkir oatmeal

350 g/12 ons/2 cangkir sultana (kismis emas)

1 butir telur, kocok sebentar

250 ml/8 fl oz/1 cangkir yogurt tawar

150 ml/¼ pt/2/3 cangkir sirup treacle hitam (molase)

60ml/4 sdm sirup emas (jagung muda).

30 ml/2 sendok makan minyak

Campur bahan kering dan sultana lalu buat lubang di tengahnya. Campur telur, yoghurt, sirup molase dan minyak, lalu campurkan ke dalam bahan kering dan aduk menjadi adonan yang lembut. Bentuk ke dalam loyang 900g/2lb (loyang kue) yang sudah diolesi minyak dan panggang dalam oven yang sudah dipanaskan sebelumnya pada suhu 180°C/350°F/tanda gas 4 selama 1 jam, sampai keras saat disentuh. Biarkan dingin di dalam kaleng selama 10 menit sebelum dibalik ke rak kawat hingga dingin.

Kepang susu buah

Membuat dua roti 450g/1lb

15 g/½ oz ragi segar atau 20 ml/4 sdt ragi kering

5 ml/1 sendok teh gula bubuk (halus).

450 ml/¾ pt/2 cangkir susu hangat

50 g/2 ons/¼ cangkir mentega atau margarin

675 g/1½ lb/6 cangkir tepung terigu (serba guna).

Sejumput garam

100 g/4 ons/2/3 cangkir kismis

25 g/1 ons/3 sdm kismis

25 g/1 ons/3 sendok makan kulit cincang campuran (manisan).

Susu kaca

Campur ragi dengan gula dan sedikit susu hangat. Diamkan di tempat hangat selama kurang lebih 20 menit hingga berbusa. Gosokkan mentega atau margarin ke dalam tepung dan garam, campurkan kismis, kismis, dan campuran kulitnya, lalu buat lubang di tengahnya. Aduk sisa susu hangat dan ragi, lalu uleni adonan yang lembut tapi tidak lengket. Tempatkan dalam mangkuk yang diminyaki dan tutupi dengan cling film yang diminyaki (bungkus plastik). Biarkan di tempat yang hangat hingga ukurannya dua kali lipat, sekitar 1 jam.

Uleni sedikit lagi, lalu bagi menjadi dua. Bagi masing-masing setengah menjadi tiga dan gulung menjadi bentuk sosis. Basahi salah satu ujung setiap gulungan dan tekan perlahan ketiganya, lalu kepang adonan, basahi dan rekatkan ujungnya. Ulangi dengan jalinan adonan lainnya. Letakkan di atas loyang yang sudah diolesi minyak (cookies), tutupi dengan cling film yang sudah diminyaki (film plastik) dan biarkan mengembang selama kurang lebih 15 menit.

Olesi dengan sedikit susu, lalu panggang dalam oven yang sudah dipanaskan sebelumnya dengan suhu 200°C/400°F/tanda gas 6 selama 30 menit, hingga berwarna cokelat keemasan dan berlubang saat diketuk bagian bawahnya.

Roti kawat

Membuat dua roti 900g/2lb

25g/1oz ragi segar atau 40ml/2½ sdm ragi kering

5 ml/1 sendok teh madu

450 ml/¾ pt/2 cangkir air hangat

350 g/12 ons/3 cangkir tepung gandum utuh

350 g/12 oz/3 cangkir tepung gandum utuh (whole wheat).

15 ml/1 sendok makan garam

15 g/½ ons/1 sdm mentega atau margarin

Campur ragi dengan madu dan sedikit air hangat dan biarkan di tempat hangat selama kurang lebih 20 menit hingga berbusa. Campur tepung dan garam dan olesi mentega atau margarin. Campur adonan ragi dan air hangat secukupnya hingga menjadi adonan yang kalis. Uleni di atas permukaan yang sudah ditaburi sedikit tepung sampai halus dan tidak lengket lagi. Tempatkan dalam mangkuk yang sudah diminyaki, tutupi dengan cling film yang sudah diminyaki (bungkus plastik) dan biarkan di tempat yang hangat selama sekitar 1 jam hingga ukurannya dua kali lipat.

Uleni lagi dan bentuk menjadi dua loyang roti 900g/2lb yang sudah diolesi minyak. Tutupi dengan foil makanan yang diminyaki dan biarkan mengembang hingga adonan mencapai bagian atas cetakan.

Panggang dalam oven yang sudah dipanaskan sebelumnya pada suhu 220°C/425°F/tanda gas 7 selama 25 menit, hingga berwarna cokelat keemasan dan berongga saat diketuk di bagian bawah.

Gulungan Lumbung

Buat 12

15 g/½ oz ragi segar atau 20 ml/2½ sdm ragi kering

5 ml/1 sendok teh gula bubuk (halus).

300 ml/½ pt/1¼ cangkir air hangat

450 g/1 pon/4 cangkir tepung gandum utuh

5 ml/1 sdt garam

5 ml/1 sendok makan ekstrak malt

30 ml/2 sendok makan gandum yang dihancurkan

Campur ragi dengan gula pasir dan sedikit air hangat lalu diamkan di tempat hangat hingga berbusa. Campur tepung dan garam, lalu aduk campuran ragi, sisa air hangat dan ekstrak malt. Uleni di atas permukaan yang sudah ditaburi sedikit tepung sampai halus dan elastis. Tempatkan dalam mangkuk yang sudah diminyaki, tutupi dengan cling film yang sudah diminyaki (bungkus plastik) dan biarkan di tempat yang hangat selama sekitar 1 jam hingga ukurannya dua kali lipat.

Uleni sedikit, lalu bentuk menjadi gulungan dan letakkan di atas loyang yang sudah diolesi minyak (kue). Tutupi dengan air dan taburi dengan gandum yang dihancurkan. Tutupi dengan cling film yang diminyaki dan biarkan di tempat yang hangat selama sekitar 40 menit hingga ukurannya dua kali lipat.

Panggang dalam oven yang sudah dipanaskan sebelumnya pada suhu 220°C/425°F/tanda gas 7 selama 10-15 menit hingga terdengar hampa saat diketuk bagian bawahnya.

Kawat roti dengan hazelnut

Membuat satu roti 900g/2lb

15 g/½ oz ragi segar atau 20 ml/4 sdt ragi kering

5 ml/1 sendok teh gula merah lembut

450 ml/¾ pt/2 cangkir air hangat

450 g/1 pon/4 cangkir tepung gandum utuh

175g/6oz/1½ cangkir tepung serbaguna (untuk roti).

5 ml/1 sdt garam

15 ml/1 sendok makan minyak zaitun

100 g/4 ons/1 cangkir hazelnut, cincang kasar

Campur ragi dengan gula dan sedikit air hangat dan biarkan di tempat hangat selama 20 menit hingga berbusa. Campur tepung dan garam dalam mangkuk, tambahkan ragi, minyak, dan sisa air hangat, lalu aduk adonan yang keras. Uleni hingga kalis dan tidak lengket lagi. Tempatkan dalam mangkuk yang sudah diminyaki, tutupi dengan cling film yang sudah diminyaki (bungkus plastik) dan biarkan di tempat yang hangat selama sekitar 1 jam hingga ukurannya dua kali lipat.

Uleni sedikit lagi dan lipat kenari, lalu bentuk menjadi loyang loaf 900g/2lb (loyang roti) yang sudah diolesi minyak, tutup dengan cling film yang diminyaki dan biarkan di tempat yang hangat selama 30 menit agar adonan naik di atas bagian atas loyang. .

Panggang dalam oven yang sudah dipanaskan sebelumnya pada suhu 220°C/425°F/tanda gas 7 selama 30 menit, hingga berwarna cokelat keemasan dan berongga saat diketuk di bagian bawah.

Roti

Buat 12

25g/1oz ragi segar atau 40ml/2½ sdm ragi kering

15 ml/1 sendok makan gula (sangat halus).

120 ml/4 fl oz/½ cangkir susu hangat

25 g/1 ons/2 sdm mentega atau margarin

450 g/1 pon/4 cangkir tepung terigu kuat (untuk roti).

10 ml/2 sdt garam

Campur ragi dengan 5 ml/1 sendok teh gula dan sedikit susu hangat dan biarkan di tempat hangat selama 20 menit hingga berbusa. Larutkan mentega dan sisa gula dalam sisa susu hangat. Masukkan tepung dan garam ke dalam mangkuk dan buat lubang di tengahnya. Tuang campuran ragi dan susu dan aduk untuk membuat adonan lembab. Uleni sampai halus. Tempatkan dalam mangkuk yang sudah diminyaki, tutupi dengan cling film yang sudah diminyaki (bungkus plastik) dan biarkan di tempat yang hangat selama sekitar 1 jam hingga ukurannya dua kali lipat.

Uleni sedikit, lalu bagi menjadi 12 dan gulung menjadi batang tipis panjang, yang ditempatkan terpisah di atas loyang (kue) yang diolesi minyak. Tutupi dengan foil makanan yang diminyaki dan biarkan mengembang di tempat yang hangat selama 20 menit.

Olesi stik roti dengan air, lalu panggang dalam oven yang sudah dipanaskan sebelumnya dengan suhu 220°C/425°F/tanda gas 7 selama 10 menit, lalu turunkan suhu oven menjadi 180°C/350°F/tanda gas 4 dan panggang sebentar . 20 menit lagi sampai garing.

Panen kepang

Membuat satu roti 550g/1¼lb

25g/1oz ragi segar atau 40ml/2½ sdm ragi kering

25g/1oz/2 sdm gula kastor (halus).

150 ml/¼ pt/2/3 cangkir susu hangat

50 g/2 ons/¼ cangkir mentega atau margarin, lelehkan

1 butir telur, kocok

450 g/1 pon/4 cangkir tepung biasa (serbaguna).

Sejumput garam

30 ml/2 sendok makan kismis

2,5 ml/½ sendok teh bubuk kayu manis

5 ml/1 sdt parutan kulit lemon

Susu kaca

Campurkan ragi dengan 2,5 ml/½ sdt gula pasir dan sedikit susu hangat lalu diamkan di tempat hangat selama kurang lebih 20 menit hingga berbusa. Campur sisa susu dengan mentega atau margarin dan biarkan agak dingin. Aduk telur. Masukkan sisa bahan ke dalam mangkuk dan buat lubang di tengahnya. Aduk campuran susu dan ragi dan aduk menjadi adonan lembut. Uleni hingga elastis dan tidak lengket. Tempatkan dalam mangkuk yang diminyaki dan tutupi dengan cling film yang diminyaki (bungkus plastik). Biarkan di tempat yang hangat hingga ukurannya dua kali lipat, sekitar 1 jam.

Bagi adonan menjadi tiga dan gulung menjadi potongan-potongan. Basahi salah satu ujung setiap setrip dan rekatkan ujung-ujungnya, lalu kepang menjadi satu dan basahi serta kencangkan ujung lainnya. Letakkan di atas loyang yang sudah diolesi minyak (kue), tutupi dengan kertas makanan yang sudah diminyaki dan biarkan di tempat yang hangat selama 15 menit.

Olesi dengan sedikit susu dan panggang dalam oven yang sudah dipanaskan sebelumnya pada suhu 220°C/425°F/tanda gas 7 selama 15-20 menit, hingga berwarna cokelat keemasan dan berlubang saat diketuk di bagian bawah.

Roti susu

Membuat dua roti 450g/1lb

15 g/½ oz ragi segar atau 20 ml/4 sdt ragi kering

5 ml/1 sendok teh gula bubuk (halus).

450 ml/¾ pt/2 cangkir susu hangat

50 g/2 ons/¼ cangkir mentega atau margarin

675 g/1½ lb/6 cangkir tepung terigu (serba guna).

Sejumput garam

Susu kaca

Campur ragi dengan gula dan sedikit susu hangat. Diamkan di tempat hangat selama kurang lebih 20 menit hingga berbusa. Gosok mentega atau margarin ke dalam tepung dan garam dan buat lubang di tengahnya. Aduk sisa susu hangat dan ragi, lalu uleni adonan yang lembut tapi tidak lengket. Tempatkan dalam mangkuk yang diminyaki dan tutupi dengan cling film yang diminyaki (bungkus plastik). Biarkan di tempat yang hangat hingga ukurannya dua kali lipat, sekitar 1 jam.

Uleni sedikit lagi, lalu bagi adonan di antara dua loyang loaf 450g/1lb yang sudah diolesi minyak, tutupi dengan cling film yang sudah diolesi minyak dan biarkan mengembang selama sekitar 15 menit, sampai adonan berada tepat di atas bagian atas loyang.

Olesi dengan sedikit susu, lalu panggang dalam oven yang sudah dipanaskan sebelumnya dengan suhu 200°C/400°F/tanda gas 6 selama 30 menit, hingga berwarna cokelat keemasan dan berlubang saat diketuk bagian bawahnya.

Roti buah susu

Membuat dua roti 450g/1lb

15 g/½ oz ragi segar atau 20 ml/4 sdt ragi kering

5 ml/1 sendok teh gula bubuk (halus).

450 ml/¾ pt/2 cangkir susu hangat

50 g/2 ons/¼ cangkir mentega atau margarin

675 g/1½ lb/6 cangkir tepung terigu (serba guna).

Sejumput garam

100 g/4 ons/2/3 cangkir kismis

Susu kaca

Campur ragi dengan gula dan sedikit susu hangat. Diamkan di tempat hangat selama kurang lebih 20 menit hingga berbusa. Oleskan mentega atau margarin ke dalam tepung dan garam, campurkan kismis dan buat lubang di tengahnya. Aduk sisa susu hangat dan ragi, lalu uleni adonan yang lembut tapi tidak lengket. Tempatkan dalam mangkuk yang diminyaki dan tutupi dengan cling film yang diminyaki (bungkus plastik). Biarkan di tempat yang hangat hingga ukurannya dua kali lipat, sekitar 1 jam.

Uleni sedikit lagi, lalu bagi adonan di antara dua loyang loaf 450g/1lb yang sudah diolesi minyak, tutupi dengan cling film yang sudah diolesi minyak dan biarkan mengembang selama sekitar 15 menit, sampai adonan berada tepat di atas bagian atas loyang.

Olesi dengan sedikit susu, lalu panggang dalam oven yang sudah dipanaskan sebelumnya dengan suhu 200°C/400°F/tanda gas 6 selama 30 menit, hingga berwarna cokelat keemasan dan berlubang saat diketuk bagian bawahnya.

Roti pagi

Membuat dua roti 450g/1lb

100 g/4 ons/1 cangkir biji gandum utuh

15 ml/1 sendok makan ekstrak malt

450 ml/¾ pt/2 cangkir air hangat

25g/1oz ragi segar atau 40ml/2½ sdm ragi kering

30 ml/2 sendok makan madu murni

25g/1oz/2tbsp pemendekan sayuran (lemak)

675 g/1½ lb/6 cangkir tepung gandum utuh (whole wheat).

25 g/1 ons/¼ cangkir susu bubuk (susu kering tanpa lemak)

5 ml/1 sdt garam

Rendam biji gandum utuh dan ekstrak malt dalam air hangat semalaman.

Campurkan ragi dengan sedikit air hangat dan 5 ml/1 sendok teh madu. Biarkan di tempat yang hangat selama sekitar 20 menit sampai berbusa. Gosokkan lemak ke dalam tepung terigu, susu bubuk dan garam lalu buat lubang di tengahnya. Aduk campuran ragi, sisa madu dan campuran gandum dan aduk ke dalam adonan. Uleni hingga kalis dan tidak lengket lagi. Tempatkan dalam mangkuk yang sudah diminyaki, tutupi dengan cling film yang sudah diminyaki (bungkus plastik) dan biarkan di tempat yang hangat selama sekitar 1 jam hingga ukurannya dua kali lipat.

Uleni adonan lagi, lalu bentuk menjadi dua loyang roti 450g/1lb yang sudah diolesi minyak. Tutupi dengan foil makanan yang sudah diminyaki dan biarkan di tempat yang hangat selama 40 menit, sehingga adonan mencapai tepat di atas bagian atas cetakan.

Panggang dalam oven yang sudah dipanaskan sebelumnya pada suhu 200°C/425°F/tanda gas 7 selama sekitar 25 menit, sampai mengembang dan terdengar hampa saat diketuk di bagian bawah.

roti muffin

Membuat dua roti 900g/2lb

300g/10oz/2½ cangkir tepung gandum utuh (wholemeal).

300g/10oz/2½ cangkir tepung terigu (serba guna).

40ml/2½ sdm ragi kering

15 ml/1 sendok makan gula (sangat halus).

10 ml/2 sdt garam

500 ml/17 fl oz/2¼ cangkir susu suam-suam kuku

2,5 ml/½ sdt soda kue (baking soda)

15 ml/1 sendok makan air hangat

Campur tepung menjadi satu. Takar 350g/12oz/3 cangkir tepung serbaguna ke dalam mangkuk dan aduk ragi, gula, dan garam. Aduk susu dan kocok menjadi campuran yang kaku. Campur soda kue dan air dan campur ke dalam adonan dengan sisa tepung. Bagi campuran antara dua loyang roti (panci) 900g/2lb yang sudah diolesi minyak, tutup dan biarkan mengembang selama sekitar 1 jam hingga ukurannya dua kali lipat.

Panggang dalam oven yang sudah dipanaskan sebelumnya pada suhu 190°C/375°F/tanda gas 5 selama 1¼ jam, hingga mengembang dengan baik dan berwarna cokelat keemasan.

Roti tanpa mengembang

Membuat satu roti 900g/2lb

450 g/1 lb/4 cangkir tepung gandum utuh (whole wheat).

175 g/6 ons/1½ cangkir tepung terigu (mengembang sendiri).

5 ml/1 sdt garam

30 ml/2 sendok makan gula bubuk (halus).

450 ml/¾ pt/2 cangkir susu

20 ml/4 sdt cuka

30 ml/2 sendok makan minyak

5 ml/1 sendok teh soda kue (baking soda)

Campur tepung terigu, garam dan gula, buat lubang ditengahnya. Kocok susu, cuka, minyak, dan soda kue, tambahkan bahan kering dan aduk menjadi adonan halus. Bentuk ke dalam loyang loaf 900g/2lb yang sudah diolesi minyak (baki pemanggang) dan panggang dalam oven yang sudah dipanaskan sebelumnya pada suhu 180°C/350°F/gas 4 selama 1 jam, sampai berwarna cokelat keemasan dan berlubang saat diketuk di bagian bawah.

adonan pizza

Cukup untuk dua pizza ukuran 23 cm/9

15 g/½ oz ragi segar atau 20 ml/4 sdt ragi kering

Sedikit gula

250 ml/8 fl oz/1 gelas air hangat

350 g/12 ons/3 cangkir tepung terigu (serba guna).

Sejumput garam

30 ml/2 sdm minyak zaitun

Campur ragi dengan gula dan sedikit air hangat dan biarkan di tempat hangat selama 20 menit hingga berbusa. Campur tepung terigu dengan garam dan minyak zaitun lalu uleni hingga kalis dan tidak lengket lagi. Tempatkan dalam mangkuk yang sudah diminyaki, tutupi dengan cling film yang sudah diminyaki (bungkus plastik) dan biarkan di tempat yang hangat selama 1 jam hingga ukurannya dua kali lipat. Uleni lagi dan bentuk sesuai keinginan.

Havermut

Membuat satu roti 450g/1lb

25g/1oz ragi segar atau 40ml/2½ sdm ragi kering

5 ml/1 sendok teh gula bubuk (halus).

150 ml/¼ pt/2/3 cangkir susu suam-suam kuku

150 ml/¼ pt/2/3 cangkir air suam-suam kuku

400g/14oz/3½ cangkir tepung terigu kuat (untuk roti).

5 ml/1 sdt garam

25 g/1 ons/2 sdm mentega atau margarin

100 g/4 ons/1 cangkir oat gulung ukuran sedang

Campur ragi dan gula dengan susu dan air dan biarkan di tempat yang hangat sampai berbusa. Campur tepung dan garam, lalu olesi mentega atau margarin dan campurkan oatmeal. Buat pendalaman di tengahnya, tuangkan ragi ke dalamnya dan campur adonan lembut. Belok ke permukaan tepung dan uleni selama 10 menit sampai menjadi halus dan elastis. Tempatkan dalam mangkuk yang sudah diminyaki, tutupi dengan cling film yang sudah diminyaki (bungkus plastik) dan biarkan mengembang di tempat yang hangat selama sekitar 1 jam hingga ukurannya dua kali lipat.

Kami menguleni adonan lagi, lalu membentuk roti pilihan Anda. Letakkan di atas loyang yang sudah diolesi minyak (kue), olesi dengan sedikit air, tutupi dengan kertas makanan yang sudah diminyaki dan biarkan di tempat yang hangat selama kurang lebih 40 menit hingga ukurannya dua kali lipat.

Panggang dalam oven yang sudah dipanaskan sebelumnya pada suhu 230°C/450°F/tanda gas 8 selama 25 menit, hingga mengembang dengan baik dan berwarna cokelat keemasan dan berlubang saat diketuk di bagian bawah.

Oatmeal Farl

Lakukan 4

25g/1oz ragi segar atau 40ml/2½ sdm ragi kering

5 ml/1 sendok teh madu

300 ml/½ pt/1¼ cangkir air hangat

450 g/1 pon/4 cangkir tepung terigu kuat (untuk roti).

50 g/2 ons/½ cangkir oat gulung ukuran sedang

2,5 ml/½ sdt baking powder

Sejumput garam

25 g/1 ons/2 sdm mentega atau margarin

Campur ragi dengan madu dan sedikit air hangat dan biarkan di tempat hangat selama 20 menit hingga berbusa.

Campur tepung, oatmeal, baking powder dan garam dan olesi mentega atau margarin. Aduk ragi dan sisa air hangat dan campur adonan lembut sedang. Uleni hingga elastis dan tidak lengket. Tempatkan dalam mangkuk yang sudah diminyaki, tutupi dengan cling film yang sudah diminyaki (bungkus plastik) dan biarkan di tempat yang hangat selama sekitar 1 jam hingga ukurannya dua kali lipat.

Uleni lagi dan bentuk menjadi lingkaran setebal 3cm/1¼. Potong menjadi empat bagian dan letakkan agak terpisah, tetapi masih dalam bentuk bulat aslinya, di atas loyang (kue) yang sudah diolesi minyak. Tutupi dengan cling film yang sudah diolesi minyak dan biarkan mengembang sekitar 30 menit hingga mengembang dua kali lipat.

Panggang dalam oven yang sudah dipanaskan sebelumnya pada suhu 200°C/400°F/tanda gas 6 selama 30 menit, hingga berwarna cokelat keemasan dan berongga saat diketuk di bagian bawah.

pita roti

Buat 6

15 g/½ oz ragi segar atau 20 ml/4 sdt ragi kering

5 ml/1 sendok teh gula bubuk (halus).

300 ml/½ pt/1¼ cangkir air hangat

450 g/1 pon/4 cangkir tepung terigu kuat (untuk roti).

5 ml/1 sdt garam

Campur ragi, gula dan sedikit air hangat dan biarkan di tempat hangat selama 20 menit hingga berbusa. Campur campuran ragi dan sisa air hangat ke dalam tepung dan garam dan aduk menjadi adonan yang keras. Uleni hingga kalis dan elastis. Tempatkan dalam mangkuk yang sudah diminyaki, tutupi dengan cling film yang sudah diminyaki (bungkus plastik) dan biarkan di tempat yang hangat selama sekitar 1 jam hingga ukurannya dua kali lipat.

Uleni lagi dan bagi menjadi enam bagian. Gulung menjadi oval setebal ¼/5 mm dan letakkan di atas loyang yang sudah diolesi minyak. Tutupi dengan cling film yang sudah diminyaki dan biarkan mengembang selama 40 menit hingga ukurannya dua kali lipat.

Panggang dalam oven yang sudah dipanaskan pada suhu 230°C/450°F/tanda gas 8 selama 10 menit hingga berwarna keemasan.

Roti cokelat cepat

Membuat dua roti 450g/1lb

15 g/½ oz ragi segar atau 20 ml/4 sdt ragi kering

300 ml/½ pt/1¼ cangkir dicampur susu hangat dan air

15 ml/1 sendok makan molase blackstrap

225 g/8 ons/2 cangkir tepung gandum utuh (whole wheat).

225 g/8 ons/2 cangkir tepung terigu (serba guna).

10 ml/2 sdt garam

25 g/1 ons/2 sdm mentega atau margarin

15 ml/1 sendok makan gandum yang dihancurkan

Campurkan ragi dengan sedikit susu hangat dan air serta tetes tebu dan diamkan di tempat hangat hingga berbusa. Campur tepung dan garam dan olesi mentega atau margarin. Buat lubang di tengahnya dan tuangkan campuran ragi ke dalamnya dan aduk menjadi adonan yang keras. Balikkan ke permukaan yang sudah ditaburi tepung dan uleni selama 10 menit hingga halus dan elastis, atau proses dalam food processor. Bentuk menjadi dua roti dan tempatkan dalam loyang roti berukuran 450g/1lb yang sudah diolesi minyak dan dialasi. Olesi bagian atasnya dengan air dan taburi dengan sereal yang dihancurkan. Tutupi dengan cling film yang sudah diolesi minyak (plastic wrap) dan biarkan di tempat yang hangat hingga mengembang dua kali lipat, sekitar 1 jam.

Panggang dalam oven yang sudah dipanaskan sebelumnya pada suhu 240°C/475°F/tanda gas 8 selama 40 menit, sampai roti berbunyi berlubang saat diketuk di bagian bawah.

Roti beras basah

Membuat satu roti 900g/2lb

75 g/3 ons/1/3 cangkir beras bulir panjang

15 g/½ oz ragi segar atau 20 ml/4 sdt ragi kering

Sedikit gula

250 ml/8 fl oz/1 gelas air hangat

550 g/1¼ lb/5 cangkir tepung terigu (roti) yang kuat

2,5 ml/½ sdt garam

Takar beras ke dalam cangkir, lalu tuangkan ke dalam panci. Tuang air dingin sebanyak tiga kali lipat, didihkan, tutup dan biarkan mendidih selama kurang lebih 20 menit hingga air terserap. Sementara itu campurkan ragi dengan gula pasir dan sedikit air hangat lalu diamkan di tempat hangat selama 20 menit hingga berbusa.

Masukkan tepung dan garam ke dalam mangkuk dan buat lubang di tengahnya. Aduk campuran ragi dan nasi hangat dan aduk menjadi adonan lembut. Tempatkan dalam mangkuk yang sudah diminyaki, tutupi dengan cling film yang sudah diminyaki (bungkus plastik) dan biarkan di tempat yang hangat selama sekitar 1 jam hingga ukurannya dua kali lipat.

Uleni perlahan, tambahkan sedikit tepung lagi jika adonan terlalu lunak untuk dikerjakan, dan bentuk menjadi loyang (roti) 900g/2lb yang sudah diolesi minyak. Tutup dengan foil makanan yang diminyaki dan biarkan di tempat yang hangat selama 30 menit, sehingga adonan naik di atas bagian atas wajan.

Panggang dalam oven yang sudah dipanaskan pada suhu 230°C/450°F/tanda gas 8 selama 10 menit, lalu turunkan suhu oven menjadi 200°C/400°F/tanda gas 6 dan panggang lagi selama 25 menit, hingga berwarna cokelat keemasan dan kosong. - terdengar saat mengenai pangkalan.

Nasi dan roti almond

Membuat satu roti 900g/2lb

175 g/6 ons/¾ cangkir mentega atau margarin, dilunakkan

175g/6oz/¾ cangkir (sangat halus) gula

3 butir telur, kocok sebentar

100 g/4 ons/1 cangkir tepung terigu (roti) yang kuat

5 ml/1 sdt baking powder

Sejumput garam

100 g/4 ons/1 cangkir beras giling

50 g/2 ons/½ cangkir almond bubuk

15 ml/1 sendok makan air hangat

Kocok mentega atau margarin dan gula hingga lembut dan mengembang. Kocok telur secara bertahap, lalu tambahkan bahan kering dan air untuk membuat adonan halus. Bentuk ke dalam loyang loaf 900g/2lb yang sudah diolesi minyak (baki pemanggang) dan panggang dalam oven yang sudah dipanaskan sebelumnya pada suhu 180°C/350°F/gas 4 selama 1 jam, sampai berwarna cokelat keemasan dan berlubang saat diketuk di bagian bawah.

Roti panggang yang renyah

Jadikan 24

675 g/1½ lb/6 cangkir tepung terigu (serba guna).

15 ml/1 sendok makan asam tartarat

10 ml/2 sdt garam

400g/14oz/1¾ cangkir (sangat halus) gula

250g/9oz/besar 1 cangkir mentega atau margarin

10 ml/2 sdt soda kue (soda kue)

250 ml/8 fl oz/1 cangkir susu mentega

1 telur

Campur tepung, krim anggur, dan garam. Aduk gula. Oleskan mentega atau margarin hingga adonan menyerupai remah roti, dan buat lubang di tengahnya. Campur baking soda dengan sedikit buttermilk, dan campurkan telur ke dalam sisa buttermilk. Cadangan 30 ml/2 sendok makan campuran telur untuk glasir roti panggang. Campur sisanya ke dalam bahan kering dengan campuran soda kue dan aduk menjadi adonan yang keras. Bagi adonan menjadi enam bagian yang sama dan bentuk sosis. Ratakan masing-masing sedikit dan potong menjadi enam bagian. Oleskan di atas loyang yang sudah diolesi minyak (untuk kue) dan olesi dengan campuran telur yang sudah dipesan. Panggang dalam oven yang sudah dipanaskan pada suhu 200°C/400°F/tanda gas 6 selama 30 menit hingga berwarna cokelat keemasan.

Roti gandum hitam

Membuat dua roti 450g/1lb

25g/1oz ragi segar atau 40ml/2½ sdm ragi kering

15ml/1 sdm gula merah halus

300 ml/½ pt/1¼ cangkir air hangat

450 g/1 pon/4 cangkir tepung gandum hitam

225 g/8 ons/2 cangkir tepung terigu (roti) serbaguna

5 ml/1 sdt garam

5 ml/1 sendok teh biji jintan

150 ml/¼ pt/2/3 cangkir susu hangat

Campur ragi dengan gula pasir dan sedikit air hangat lalu diamkan di tempat hangat hingga berbusa. Campur tepung terigu, garam, dan jintan, buat lubang di tengahnya. Aduk ragi, susu, dan sisa air, lalu aduk menjadi adonan yang keras. Balikkan ke permukaan yang sudah ditaburi tepung dan uleni selama 8 menit hingga halus dan elastis, atau proses dalam food processor. Tempatkan dalam mangkuk yang sudah diminyaki, tutupi dengan cling film yang sudah diminyaki (bungkus plastik) dan biarkan di tempat yang hangat selama sekitar 1 jam hingga ukurannya dua kali lipat. Uleni lagi, lalu bentuk dua roti dan letakkan di atas loyang (kue) yang sudah diolesi minyak. Tutupi dengan foil makanan yang diminyaki dan biarkan mengembang selama 30 menit.

Panggang dalam oven yang sudah dipanaskan sebelumnya pada suhu 220°C/425°F/tanda gas 7 selama 15 menit, lalu turunkan suhu oven menjadi 190°C/375°F/tanda gas 5 selama 25 menit lagi, hingga roti terdengar hampa saat dipanggang. disadap berdasarkan.

Cincin sarang lebah

Buat satu 20 cm/8 di ring

Untuk adonan:

100g/4oz/½ cangkir mentega atau margarin

350 g/12 ons/3 cangkir tepung terigu yang mengembang sendiri

Sejumput garam

1 telur

150 ml/¼ pt/2/3 cangkir susu

Untuk isian:

100g/4oz/½ cangkir mentega atau margarin, dilunakkan

60 ml/4 sendok makan madu murni

15ml/1 sdm gula demerara

Untuk membuat adonan, olesi mentega atau margarin ke dalam tepung dan garam hingga adonan menyerupai remah roti. Kocok telur dan susu, lalu campurkan ke adonan tepung secukupnya hingga menjadi adonan yang lembut. Pada permukaan yang diberi sedikit tepung, gulung menjadi persegi 30 cm.

Untuk menyiapkan isian krim, campurkan mentega atau margarin dan madu. Simpan 15 ml/1 sendok makan adonan dan ratakan sisanya di atas adonan. Gulung seperti gulungan Swiss (jelly), lalu potong menjadi delapan irisan. Susun irisan di dalam loyang kue ukuran 20 cm/8 yang sudah diolesi minyak, tujuh di sekeliling tepi dan satu di tengah. Oleskan dengan campuran madu yang disimpan dan taburi dengan gula. Panggang scone dalam oven yang sudah dipanaskan sebelumnya pada suhu 190°C/375°F/tanda gas 5 selama 30 menit hingga berwarna cokelat keemasan. Biarkan dingin di dalam kaleng selama 10 menit sebelum dibalik ke rak kawat hingga dingin.

Muffin Muesli

Buat 8 irisan

100 g/4 ons/1 cangkir muesli

150 ml/¼ pt/2/3 gelas air

50 g/2 ons/¼ cangkir mentega atau margarin

100 g/4 ons/1 cangkir tepung terigu biasa (serba guna) atau gandum utuh (gandum utuh).

10 ml/2 sdt baking powder

50 g/2 ons/1/3 cangkir kismis

1 butir telur, kocok

Rendam muesli dalam air selama 30 menit. Oleskan mentega atau margarin ke dalam tepung dan baking powder hingga adonan menyerupai remah roti, lalu masukkan kismis dan muesli yang sudah direndam dan aduk menjadi adonan yang lembut. Bentuk menjadi lingkaran 20cm/8 dan ratakan di atas nampan (biskuit) yang diolesi minyak. Potong sebagian menjadi delapan bagian dan olesi dengan telur kocok. Panggang dalam oven yang sudah dipanaskan pada suhu 230°C/450°F/tanda gas 8 selama sekitar 20 menit hingga berwarna cokelat keemasan.

Muffin jeruk dan kismis

Buat 12

50 g/2 ons/¼ cangkir mentega atau margarin

225 g/8 ons/2 cangkir tepung terigu (serba guna).

2,5 ml/½ sdt soda kue (baking soda)

100 g/4 ons/2/3 cangkir kismis

5 ml/1 sdt parutan kulit jeruk

60 ml/4 sdm air jeruk

60 ml/4 sendok makan susu

Susu untuk icing

Oleskan mentega atau margarin ke dalam tepung dan soda kue, lalu masukkan kismis dan kulit jeruk. Campurkan jus jeruk dan susu untuk membuat adonan lembut. Pada permukaan yang ditaburi sedikit tepung, gulung dengan ketebalan sekitar 2,5 cm/l dan potong lingkaran dengan pemotong kue. Letakkan scone (biskuit) di atas loyang (biskuit) yang sudah diolesi minyak dan lapisi dengan susu di atasnya. Panggang dalam oven yang sudah dipanaskan pada suhu 200°C/400°F/tanda gas 6 selama 15 menit hingga berwarna cokelat keemasan.

Muffin pir

Buat 12

50 g/2 ons/¼ cangkir mentega atau margarin

225 g/8 ons/2 cangkir tepung terigu (mengembang sendiri).

25g/1oz/2 sdm gula kastor (halus).

1 buah pir keras, kupas, buang bijinya dan iris

150 ml/¼ pt/2/3 cangkir yogurt tawar

30 ml/2 sendok makan susu

Oleskan mentega atau margarin ke dalam tepung. Campur gula dan pir, lalu campurkan yoghurt untuk membuat adonan lembut, tambahkan sedikit susu jika perlu. Pada permukaan yang ditaburi sedikit tepung, gulung dengan ketebalan sekitar 2,5 cm/l dan potong lingkaran dengan pemotong kue. Letakkan scone di atas loyang yang sudah diolesi minyak dan panggang dalam oven yang sudah dipanaskan dengan suhu 230°C/450°F/tanda gas 8 selama 10-15 menit sampai mengembang dan berwarna cokelat keemasan.

Muffin kentang

Buat 12

50 g/2 ons/¼ cangkir mentega atau margarin

225 g/8 ons/2 cangkir tepung terigu (mengembang sendiri).

Sejumput garam

175 g/6 ons/¾ cangkir kentang tumbuk matang

60 ml/4 sendok makan susu

Oleskan mentega atau margarin ke dalam tepung dan garam. Campur kentang tumbuk dan susu secukupnya untuk membuat adonan lembut. Pada permukaan yang ditaburi sedikit tepung, gulung dengan ketebalan sekitar 2,5 cm/l dan potong lingkaran dengan pemotong kue. Tempatkan scone (biskuit) di atas loyang (biskuit) yang diolesi sedikit minyak dan panggang dalam oven yang sudah dipanaskan sebelumnya pada suhu 200°C/400°F/tanda gas 6 selama 15-20 menit sampai agak keemasan.

Scone dengan kismis

Buat 12

75 g/3 ons/½ cangkir kismis

225 g/8 ons/2 cangkir tepung terigu (serba guna).

2,5 ml/½ sdt garam

15 ml/1 sendok makan baking powder

25g/1oz/2 sdm gula kastor (halus).

50 g/2 ons/¼ cangkir mentega atau margarin

120 ml/4 fl oz/½ cangkir krim tunggal (ringan).

1 butir telur, kocok

Rendam kismis dalam air panas selama 30 menit, lalu tiriskan. Campur bahan kering, lalu tambahkan mentega atau margarin. Campur krim dan telur menjadi adonan lembut. Bagi menjadi tiga bola, lalu gulung hingga setebal 1 cm/½ dan letakkan di atas nampan (kue) yang sudah diolesi minyak. Potong masing-masing menjadi empat bagian. Panggang scone dalam oven yang sudah dipanaskan sebelumnya pada suhu 230°C/450°F/tanda gas 8 selama sekitar 10 menit hingga berwarna cokelat keemasan.

Muffin molase

Buat 10

225 g/8 ons/2 cangkir tepung terigu (serba guna).

10 ml/2 sdt baking powder

2,5 ml/½ sdt bubuk kayu manis

50 g/2 ons/¼ cangkir mentega atau margarin, potong dadu

25g/1oz/2 sdm gula kastor (halus).

30 ml/2 sdm molase (molase blackstrap)

150 ml/¼ pt/2/3 cangkir susu

Campur tepung terigu, baking powder dan kayu manis. Oleskan mentega atau margarin, lalu campurkan gula, sirup tetes tebu, dan susu secukupnya untuk membuat adonan yang lembut. Giling setebal 1 cm/½ dan potong menjadi 5 cm/2 lingkaran dengan pemotong kue. Letakkan scone (kue kering) di atas loyang yang sudah diolesi minyak dan panggang dalam oven yang sudah dipanaskan sebelumnya dengan suhu 220°C/425°F/tanda gas 7 selama 10-15 menit hingga mengembang dan berwarna cokelat keemasan.

Molase dan Muffin Jahe

Buat 12

400g/14oz/3½ cangkir tepung terigu (serba guna).

50 g/2 ons/½ cangkir tepung beras

5 ml/1 sendok teh soda kue (baking soda)

2,5 ml/½ sendok teh asam tartarat

10ml/2 sdt jahe bubuk

2,5 ml/½ sdt garam

10 ml/2 sendok teh gula besi (sangat halus).

50 g/2 ons/¼ cangkir mentega atau margarin

30 ml/2 sdm molase (molase blackstrap)

300 ml/½ pt/1¼ cangkir susu

Campur bahan kering. Gosokkan mentega atau margarin sampai campurannya menyerupai remah roti. Aduk campuran dan susu secukupnya untuk membuat adonan yang lembut tapi tidak lengket. Uleni perlahan di atas permukaan yang ditaburi sedikit tepung, gulung dan potong lingkaran dengan pemotong kue ukuran 7,5 cm/3. Letakkan scone (biskuit) di atas loyang (biskuit) yang sudah diolesi minyak dan lapisi dengan sisa susu. Panggang dalam oven yang sudah dipanaskan pada suhu 220°C/425°F/tanda gas 7 selama 15 menit hingga mengembang dan berwarna cokelat keemasan.

Muffin Sultana

Buat 12

225 g/8 ons/2 cangkir tepung terigu (serba guna).

Sejumput garam

2,5 ml/½ sdt soda kue (baking soda)

2,5 ml/½ sendok teh asam tartarat

50 g/2 ons/¼ cangkir mentega atau margarin

25g/1oz/2 sdm gula kastor (halus).

50 g/2 ons/1/3 cangkir sultana (kismis emas)

7,5 ml/½ sendok makan jus lemon

150 ml/¼ pt/2/3 cangkir susu

Campur tepung terigu, garam, baking soda dan tartar. Gosokkan mentega atau margarin sampai campurannya menyerupai remah roti. Aduk gula dan sultana. Campur jus lemon ke dalam susu dan secara bertahap campurkan ke dalam bahan kering sampai Anda memiliki adonan yang lembut. Uleni sedikit, lalu gulung setebal 1 cm/½ dan potong menjadi 5 cm/2 lingkaran dengan pemotong kue. Tempatkan scone (biskuit) di atas loyang (biskuit) yang sudah diolesi minyak dan panggang dalam oven yang sudah dipanaskan sebelumnya pada suhu 230°C/450°F/tanda gas 8 selama sekitar 10 menit sampai mengembang dengan baik dan berwarna cokelat keemasan.

Muffin molase gandum utuh

Buat 12

100 g/4 ons/1 cangkir tepung gandum utuh (whole wheat).

100 g/4 ons/1 cangkir tepung terigu (serba guna).

25g/1oz/2 sdm gula kastor (halus).

2,5 ml/½ sendok teh asam tartarat

2,5 ml/½ sdt soda kue (baking soda)

5 ml/1 sendok teh campuran bumbu (pai apel).

50 g/2 ons/¼ cangkir mentega atau margarin

30 ml/2 sdm molase (molase blackstrap)

100 ml/3½ fl oz/6½ sdm susu

Campur bahan kering, lalu tambahkan mentega atau margarin. Panaskan sirup tetes tebu, lalu campurkan ke dalam bahan dengan susu secukupnya hingga menjadi adonan yang lembut. Pada permukaan yang diberi sedikit tepung, gulung hingga setebal 1 cm/½ dan potong menjadi lingkaran dengan pemotong kue. Sebarkan scone (cookies) di atas loyang (cookies) yang diolesi minyak dan ditaburi tepung dan tutupi dengan susu. Panggang dalam oven yang sudah dipanaskan pada suhu 190°C/375°F/tanda gas 5 selama 20 menit.

Scone yogurt

Buat 12

200g/7oz/1¾ cangkir tepung biasa (serbaguna).

25 g/1 ons/¼ cangkir tepung beras

10 ml/2 sdt baking powder

Sejumput garam

15 ml/1 sendok makan gula (sangat halus).

50 g/2 ons/¼ cangkir mentega atau margarin

150 ml/¼ pt/2/3 cangkir yogurt tawar

Campur tepung terigu, baking powder, garam dan gula. Gosokkan mentega atau margarin sampai campurannya menyerupai remah roti. Campurkan yogurt menjadi adonan yang lembut tapi tidak lengket. Ratakan di atas permukaan yang sudah ditaburi tepung hingga setebal 2 cm/¾ dan potong menjadi 5 cm/2 lingkaran dengan pemotong kue. Letakkan di atas loyang yang sudah diolesi minyak (untuk biskuit) dan panggang dalam oven yang sudah dipanaskan sebelumnya pada suhu 200°C/400°F/gas 6 selama sekitar 15 menit sampai mengembang dengan baik dan berwarna cokelat keemasan.

Scone dengan keju

Buat 12

225 g/8 ons/2 cangkir tepung terigu (serba guna).

2,5 ml/½ sdt garam

15 ml/1 sendok makan baking powder

50 g/2 ons/¼ cangkir mentega atau margarin

100 g/4 ons/1 cangkir keju cheddar, parut

150 ml/¼ pt/2/3 cangkir susu

Campur tepung terigu, garam dan baking powder. Gosokkan mentega atau margarin sampai campurannya menyerupai remah roti. Aduk keju. Campurkan susu secara bertahap untuk membuat adonan yang lembut. Uleni sedikit, lalu gulung setebal 1 cm/½ dan potong menjadi 5 cm/2 lingkaran dengan pemotong kue. Letakkan scone di atas loyang yang sudah diolesi minyak dan panggang dalam oven yang sudah dipanaskan sebelumnya pada suhu 220°C/425°F/gas 7 selama 12-15 menit, hingga bagian atasnya mengembang dan berwarna keemasan. Sajikan hangat atau dingin.

Muffin herbal gandum utuh

Buat 12

100g/4oz/½ cangkir mentega atau margarin

175 g/6 ons/1¼ cangkir tepung gandum utuh (whole wheat).

50 g/2 ons/½ cangkir tepung terigu (serba guna).

10 ml/2 sdt baking powder

30 ml/2 sendok makan sage segar atau timi segar

150 ml/¼ pt/2/3 cangkir susu

Oleskan mentega atau margarin ke dalam tepung dan baking powder hingga adonan menyerupai remah roti. Campur bumbu dan susu secukupnya untuk membuat adonan lembut. Uleni sedikit, lalu gulung setebal 1 cm/½ dan potong menjadi 5 cm/2 lingkaran dengan pemotong kue. Letakkan scone (biskuit) di atas loyang (biskuit) yang sudah diolesi minyak dan lapisi dengan susu di atasnya. Panggang dalam oven yang sudah dipanaskan pada suhu 220°C/425°F/tanda gas 7 selama 10 menit hingga mengembang dan berwarna cokelat keemasan.

Salami dan scone keju

Melayani 4

50 g/2 ons/¼ cangkir mentega atau margarin

225 g/8 ons/2 cangkir tepung terigu (mengembang sendiri).

Sejumput garam

50g/2oz salami, cincang

75 g/3 ons/¾ cangkir keju cheddar, parut

75 ml/5 sendok makan susu

Gosokkan mentega atau margarin ke dalam tepung dan garam hingga adonan menyerupai remah roti. Aduk salami dan keju, lalu tambahkan susu dan aduk menjadi adonan lembut. Bentuk menjadi 20cm/8 dan ratakan sedikit. Letakkan scone di atas loyang yang sudah diolesi minyak dan panggang dalam oven yang sudah dipanaskan sebelumnya dengan suhu 220°C/425°F/tanda gas 7 selama 15 menit hingga berwarna cokelat keemasan.

Muffin gandum utuh

Buat 12

175 g/6 ons/1½ cangkir tepung gandum utuh (whole wheat).

50 g/2 ons/½ cangkir tepung terigu (serba guna).

15 ml/1 sendok makan baking powder

Sejumput garam

50 g/2 ons/¼ cangkir mentega atau margarin

50g/2oz/¼ cangkir gula bubuk (halus).

150 ml/¼ pt/2/3 cangkir susu

Campur tepung terigu, baking powder dan garam. Gosokkan mentega atau margarin sampai campurannya menyerupai remah roti. Aduk gula. Aduk susu secara bertahap untuk membuat adonan yang lembut. Uleni sedikit, lalu gulung setebal 1 cm/½ dan potong menjadi 5 cm/2 lingkaran dengan pemotong kue. Letakkan scone di atas loyang yang sudah diolesi minyak dan panggang dalam oven yang sudah dipanaskan pada suhu 230°C/450°F/gas 8 selama sekitar 15 menit sampai mengembang dan berwarna cokelat keemasan. Sajikan hangat.

Conkie Barbados

Buat 12

350g/12oz labu, parut

225g/8oz ubi jalar, parut

1 kelapa besar, parut atau 225g/8oz 2 cangkir kelapa kering (parut)

350g/12oz/1½ cangkir gula merah lembut

5 ml/1 sdt bumbu halus (pai apel).

5 ml/1 sdt pala parut

5 ml/1 sdt garam

5 ml/1 sendok teh sari almond (ekstrak)

100 g/4 ons/2/3 cangkir kismis

350 g/12 ons/3 cangkir tepung jagung

100 g/4 ons/1 cangkir tepung mengembang sendiri (mengembang sendiri).

175 g/6 ons/¾ cangkir mentega atau margarin, lelehkan

300 ml/½ pt/1¼ cangkir susu

Campur labu, ubi dan kelapa. Masukkan gula, rempah-rempah, garam, dan sari almond. Tambahkan kismis, tepung jagung dan tepung dan aduk rata. Campur mentega atau margarin cair dengan susu dan aduk ke dalam bahan kering sampai tercampur rata. Tempatkan sekitar 60 ml/4 sendok makan campuran di atas selembar kertas aluminium, berhati-hatilah agar tidak terlalu penuh. Lipat foil ke dalam kemasan sehingga terbungkus rapi dan tidak ada campuran yang terlihat. Ulangi dengan campuran yang tersisa. Kukus conkie di rak kawat di atas panci berisi air mendidih selama sekitar 1 jam, sampai keras dan matang. Sajikan hangat atau dingin.

Kue Natal goreng

Jadikan 40

50 g/2 ons/¼ cangkir mentega atau margarin

100 g/4 ons/1 cangkir tepung terigu (serba guna).

2,5 ml/½ sdt kapulaga bubuk

25g/1oz/2 sdm gula kastor (halus).

15ml/1 sdm krim ganda (berat).

5 ml/1 sdt brendi

1 telur kecil, kocok

Minyak untuk menggoreng

Gula bubuk (confectioner's) untuk taburan

Oleskan mentega atau margarin ke dalam tepung dan kapulaga hingga adonan menyerupai remah roti. Aduk gula, lalu tambahkan krim dan brendi serta telur secukupnya untuk membuat campuran yang cukup kaku. Tutup dan dinginkan selama 1 jam.

Ratakan di atas permukaan yang ditaburi sedikit tepung hingga setebal 5mm/¼ dan potong menjadi 10 x 2,5 cm/4 x 1 strip menggunakan pemotong kue. Potong takik di tengah setiap strip dengan pisau tajam. Tarik salah satu ujung pita melalui celah untuk membuat panjang setengah. Goreng kue (biskuit) secara bertahap dalam minyak panas selama kurang lebih 4 menit hingga berwarna cokelat keemasan dan mengembang. Tiriskan di atas kertas dapur (handuk kertas) dan sajikan dengan taburan gula halus.

Kue Tepung Jagung

Buat 12

100 g/4 ons/1 cangkir tepung mengembang sendiri (mengembang sendiri).

100 g/4 ons/1 cangkir tepung jagung

5 ml/1 sdt baking powder

15 g/½ ons/1 sdm gula kastor (halus).

2 telur

375 ml/13 fl oz/1½ cangkir susu

60 ml/4 sendok makan minyak

Minyak untuk menggoreng dangkal

Campur bahan kering dan buat lubang di tengahnya. Kocok telur, susu, dan minyak takar menjadi satu, lalu campurkan ke dalam bahan kering. Panaskan sedikit minyak dalam wajan besar (wajan) dan goreng (simmer) 60ml/4 sdm adonan hingga muncul gelembung di atasnya. Balik dan panggang di sisi lainnya. Angkat dari wajan dan tetap hangat sambil melanjutkan sisa adonan. Sajikan hangat.

Crumpet

Buat 8

15 g/½ oz ragi segar atau 20 ml/4 sdt ragi kering

5 ml/1 sendok teh gula bubuk (halus).

300 ml/½ pt/1¼ cangkir susu

1 telur

250g/9oz/2¼ cangkir tepung terigu (serba guna).

5 ml/1 sdt garam

Pelumas

Campur ragi dan gula dengan sedikit susu hingga menjadi pasta, lalu campurkan sisa susu dan telur. Campur cairan ke dalam tepung dan garam dan aduk menjadi massa yang kental dan lembut. Tutup dan diamkan di tempat hangat selama 30 menit hingga mengembang dua kali lipat. Panaskan wajan atau wajan berat (wajan) dan olesi sedikit. Letakkan 7,5 cm/3 cincin pemanggang di atas rak kawat. (Jika Anda tidak memiliki loyang, potong bagian atas dan bawah loyang kecil dengan hati-hati.) Tuangkan campuran ke dalam loyang dan masak selama sekitar 5 menit, sampai bagian bawahnya kecokelatan dan bagian atasnya berbuih. Ulangi dengan campuran yang tersisa. Sajikan panggang.

donat

Buat 16

300 ml/½ pt/1¼ cangkir susu hangat

15 ml/1 sendok makan ragi kering

175g/6oz/¾ cangkir (sangat halus) gula

450 g/1 pon/4 cangkir tepung terigu kuat (untuk roti).

5 ml/1 sdt garam

50 g/2 ons/¼ cangkir mentega atau margarin

1 butir telur, kocok

Minyak untuk menggoreng

5 ml/1 sdt bubuk kayu manis

Campur susu hangat, ragi, 5 ml/1 sendok teh gula dan 100 g/4 ons/1 cangkir tepung. Biarkan di tempat hangat selama 20 menit hingga berbusa. Campur sisa tepung, 50g/2oz/¼ cangkir gula dan garam dalam mangkuk dan olesi mentega atau margarin sampai campurannya menyerupai remah roti. Campur telur dan ragi dan uleni adonan halus dengan baik. Tutup dan biarkan di tempat yang hangat selama 1 jam. Uleni lagi dan giling setebal 2 cm/½. Dengan menggunakan pemotong 8cm/3 inci, potong cincinnya, dan gunakan pemotong 4cm/1½ inci untuk memotong inti.

Letakkan di atas loyang yang sudah diolesi minyak (kue) dan biarkan mengembang selama 20 menit. Panaskan minyak hingga hampir berasap, lalu goreng donat selama beberapa menit hingga berwarna cokelat keemasan. Tiriskan dengan baik. Masukkan sisa gula dan kayu manis ke dalam piping bag dan kocok donat di dalam piping bag hingga terlapisi dengan baik.

donat Kentang

Jadikan 24

15 ml/1 sendok makan ragi kering

60 ml/4 sendok makan air hangat

25g/1oz/2 sdm gula kastor (halus).

Pemendekan 25g/1oz/2tbsp

1,5 ml/¼ sdt garam

75 g/3 ons/1/3 cangkir kentang tumbuk

1 butir telur, kocok

120 ml/4 fl oz/½ cangkir susu, direbus

300g/10oz/2½ cangkir tepung terigu kuat (untuk roti).

Minyak untuk menggoreng

Gula pasir untuk taburan

Larutkan ragi dengan satu sendok teh gula dalam air hangat dan biarkan berbusa. Campur lemak babi, sisa gula dan garam. Aduk kentang, campuran ragi, telur dan susu, lalu aduk tepung secara bertahap dan aduk menjadi adonan yang halus. Balikkan ke permukaan tepung dan uleni dengan baik. Tempatkan dalam mangkuk yang sudah diolesi minyak, tutupi dengan cling film (bungkus plastik) dan biarkan di tempat yang hangat selama kurang lebih 1 jam hingga ukurannya dua kali lipat.

Uleni lagi, lalu giling setebal 1 cm/½. Potong lingkaran dengan pemotong 8cm/3½, lalu potong bagian tengahnya dengan pemotong 4cm/1½ untuk membuat bentuk donat. Diamkan hingga mengembang dua kali lipat. Panaskan minyak dan goreng donat di dalamnya hingga berwarna keemasan. Taburi dengan gula dan biarkan hingga dingin.

Roti naan

Buat 6

2,5 ml/½ sdt ragi kering

60 ml/4 sendok makan air hangat

350 g/12 ons/3 cangkir tepung terigu (serba guna).

10 ml/2 sdt baking powder

Sejumput garam

150 ml/¼ pt/2/3 cangkir yogurt tawar

Mentega yang dilelehkan

Campur ragi dan air hangat dan biarkan di tempat hangat selama 10 menit hingga berbusa. Aduk campuran ragi ke dalam tepung, baking powder, dan garam, lalu aduk yogurt untuk membuat adonan lembut. Uleni hingga tidak lengket lagi. Tempatkan dalam mangkuk yang diminyaki, tutup dan biarkan mengembang selama 8 jam.

Bagi adonan menjadi enam bagian dan gulung menjadi oval setebal ¼/5 mm. Letakkan di atas loyang yang sudah diolesi minyak (kue) dan olesi dengan mentega cair. Panggang (panggang) di bawah panggangan sedang (broiler) selama sekitar 5 menit sampai agak mengembang, lalu balik dan olesi sisi lainnya dengan mentega dan panggang lagi selama 3 menit sampai agak kecokelatan.

Bannock Oatmeal

Lakukan 4

100 g/4 ons/1 cangkir oat gulung ukuran sedang

2,5 ml/½ sdt garam

Sejumput soda kue (baking soda)

10 ml/2 sdt minyak

60 ml / 4 sendok teh air panas

Campur bahan kering dalam mangkuk dan buat lubang di tengahnya. Campurkan minyak dan air secukupnya untuk membuat adonan yang keras. Balikkan ke permukaan yang sudah ditaburi sedikit tepung dan uleni hingga halus. Gulung hingga setebal 5 mm/¼, rapikan pinggirannya, lalu potong menjadi empat bagian. Panaskan wajan atau wajan berat (wajan) dan panggang (rebus) bannock selama kurang lebih 20 menit, hingga sudutnya mulai melengkung. Balik dan masak sisi lainnya selama 6 menit.

Pikelet

Buat 8

10 ml/2 sendok teh ragi segar atau 5 ml/1 sendok teh ragi kering

5 ml/1 sendok teh gula bubuk (halus).

300 ml/½ pt/1¼ cangkir susu

1 telur

225 g/8 ons/2 cangkir tepung terigu (serba guna).

5 ml/1 sdt garam

Pelumas

Campur ragi dan gula dengan sedikit susu hingga menjadi pasta, lalu campurkan sisa susu dan telur. Campur cairan ke dalam tepung dan garam dan aduk menjadi adonan tipis. Tutup dan diamkan di tempat hangat selama 30 menit hingga mengembang dua kali lipat. Panaskan wajan atau wajan berat (wajan) dan olesi sedikit. Tuang adonan ke dalam wajan dan masak selama sekitar 3 menit sampai bagian bawahnya kecoklatan, lalu balik dan masak selama sekitar 2 menit di sisi lainnya. Ulangi dengan campuran yang tersisa.

Scone Jatuhkan Mudah

Buat 15

100 g/4 ons/1 cangkir tepung mengembang sendiri (mengembang sendiri).

Sejumput garam

15 ml/1 sendok makan gula (sangat halus).

1 telur

150 ml/¼ pt/2/3 cangkir susu

Pelumas

Campur tepung terigu, garam dan gula, buat lubang ditengahnya. Tambahkan telur dan secara bertahap campurkan telur dan susu sampai Anda memiliki adonan yang halus. Panaskan wajan besar dan olesi sedikit minyak. Saat panas, masukkan sesendok adonan ke dalam wajan untuk membentuk lingkaran. Panggang sekitar 3 menit sampai scone mengembang dan berwarna cokelat keemasan di bagian bawah, lalu balikkan dan panggang sisi lainnya. Sajikan panas atau hangat.

Maple Drop Scone

Jadikan 30

200 g/7 ons/1¾ cangkir tepung terigu yang mengembang sendiri

25 g/1 ons/¼ cangkir tepung beras

10 ml/2 sdt baking powder

25g/1oz/2 sdm gula kastor (halus).

Sejumput garam

15 ml/1 sdm sirup maple

1 butir telur, kocok

200 ml/7 fl oz/1 cangkir susu pendek

Minyak bunga matahari

50 g/2 ons/¼ cangkir mentega atau margarin, dilunakkan

15 ml/1 sendok makan kenari cincang halus

Campur tepung terigu, baking powder, gula dan garam, buat lubang ditengahnya. Tambahkan sirup maple, telur, dan setengah dari susu, lalu kocok hingga rata. Aduk susu yang tersisa untuk membentuk campuran kental. Panaskan sedikit minyak dalam wajan (wajan), lalu tuang kelebihannya. Sendokkan massa ke dalam wajan dan goreng (didihkan) hingga bagian bawahnya berubah menjadi keemasan. Balik dan goreng sisi lainnya. Keluarkan dari wajan dan biarkan hangat saat Anda memanggang sisa kiffles (biskuit). Hancurkan mentega atau margarin dengan kenari dan tutupi muffin hangat dengan mentega rasa untuk disajikan.

Scone di atas panggangan

Buat 12

225 g/8 ons/2 cangkir tepung terigu (serba guna).

5 ml/1 sendok teh soda kue (baking soda)

10 ml/2 sendok teh asam tartarat

2,5 ml/½ sdt garam

25 g/1 ons/2 sdm lemak babi (mentega) atau mentega

25g/1oz/2 sdm gula kastor (halus).

150 ml/¼ pt/2/3 cangkir susu

Pelumas

Campur tepung, soda kue, krim anggur, dan garam. Oleskan lemak babi atau mentega, lalu aduk gula. Campurkan susu secara bertahap sampai Anda mendapatkan adonan yang lembut. Potong adonan menjadi dua dan uleni dan bentuk masing-masing menjadi lingkaran datar setebal 1 cm/½. Potong setiap lingkaran menjadi enam. Panaskan wajan atau wajan besar (wajan) dan olesi sedikit. Jika sudah panas, masukkan scone (biskuit) ke dalam wajan dan panggang selama kurang lebih 5 menit hingga sisi bawah berwarna cokelat keemasan, lalu balikkan dan panggang sisi lainnya. Biarkan dingin di rak kawat.

Scone Wajan Keju

Buat 12

25 g/1 ons/2 sdm mentega lunak atau margarin

100 g/4 ons/½ cangkir keju cottage

5 ml/1 sdt kucai segar cincang

2 butir telur, kocok

40 g/1½ oz/1/3 cangkir tepung biasa (serbaguna).

15 g/½ ons/2 sdm tepung beras

5 ml/1 sdt baking powder

15 ml/1 sendok makan susu

Pelumas

Campur semua bahan kecuali minyak hingga menjadi adonan kental. Panaskan sedikit minyak dalam wajan (wajan), lalu tiriskan minyak berlebih. Goreng (rebus) sesendok adonan hingga bagian bawahnya berubah menjadi keemasan. Balikkan scone (biskuit) dan goreng sisi lainnya. Angkat dari wajan dan tetap hangat saat Anda menggoreng gulungan yang tersisa

Pancake Scotch spesial

Buat 12

100 g/4 ons/1 cangkir tepung terigu (serba guna).

10 ml/2 sendok teh gula besi (sangat halus).

5 ml/1 sendok teh asam tartarat

2,5 ml/½ sdt garam

2,5 ml/½ sdt soda kue (baking soda)

1 telur

5 ml/1 sendok teh sirup emas (jagung muda).

120 ml/4 fl oz/½ cangkir susu hangat

Pelumas

Campur bahan kering dan buat lubang di tengahnya. Kocok telur dengan sirup dan susu lalu campurkan ke dalam adonan tepung hingga menjadi adonan yang sangat kental. Tutup dan diamkan selama sekitar 15 menit sampai adonan mulai menggelembung. Panaskan wajan besar atau wajan berat (penggorengan) dan olesi sedikit. Jatuhkan sesendok kecil adonan ke rak dan masak di satu sisi selama sekitar 3 menit sampai bagian bawah berwarna cokelat keemasan, lalu balik dan masak di sisi lainnya selama sekitar 2 menit. Bungkus pancake dengan handuk teh hangat (serbet) saat Anda memasak sisa adonan. Sajikan segar dan olesi dengan mentega, panggang atau goreng (direbus).

Pancake Scotch Buah

Buat 12

100 g/4 ons/1 cangkir tepung terigu (serba guna).

10 ml/2 sendok teh gula besi (sangat halus).

5 ml/1 sendok teh asam tartarat

2,5 ml/½ sdt garam

2,5 ml/½ sdt soda kue (baking soda)

100 g/4 ons/2/3 cangkir kismis

1 telur

5 ml/1 sendok teh sirup emas (jagung muda).

120 ml/4 fl oz/½ cangkir susu hangat

Pelumas

Campur bahan kering dan kismis, buat lubang di tengahnya. Kocok telur dengan sirup dan susu lalu campurkan ke dalam adonan tepung hingga menjadi adonan yang sangat kental. Tutup dan diamkan selama sekitar 15 menit sampai adonan mulai menggelembung. Panaskan wajan besar atau wajan berat (penggorengan) dan olesi sedikit. Jatuhkan sesendok kecil adonan ke rak dan masak di satu sisi selama sekitar 3 menit sampai bagian bawah berwarna cokelat keemasan, lalu balik dan masak di sisi lainnya selama sekitar 2 menit. Bungkus pancake dengan handuk teh hangat (serbet) saat Anda memanggang sisanya. Sajikan segar dan olesi dengan mentega, panggang atau goreng (direbus).

Pancake Scotch Oranye

Buat 12

100 g/4 ons/1 cangkir tepung terigu (serba guna).

10 ml/2 sendok teh gula besi (sangat halus).

5 ml/1 sendok teh asam tartarat

2,5 ml/½ sdt garam

2,5 ml/½ sdt soda kue (baking soda)

10 ml/2 sdt parutan kulit jeruk

1 telur

5 ml/1 sendok teh sirup emas (jagung muda).

120 ml/4 fl oz/½ cangkir susu hangat

Beberapa tetes sari jeruk (ekstrak)

Pelumas

Campur bahan kering dan kulit jeruk, buat lubang di tengahnya. Kocok telur dengan sirup, susu dan sari jeruk lalu aduk ke dalam adonan tepung hingga diperoleh adonan yang sangat kental. Tutup dan diamkan selama sekitar 15 menit sampai adonan mulai menggelembung. Panaskan wajan besar atau wajan berat (penggorengan) dan olesi sedikit. Jatuhkan sesendok kecil adonan ke rak dan masak di satu sisi selama sekitar 3 menit sampai bagian bawah berwarna cokelat keemasan, lalu balik dan masak di sisi lainnya selama sekitar 2 menit. Bungkus pancake dengan handuk teh hangat (serbet) saat Anda memanggang sisanya. Sajikan segar dan olesi dengan mentega, panggang atau goreng (direbus).

Menyanyi Hinny

Buat 12

225 g/8 ons/2 cangkir tepung terigu (serba guna).

2,5 ml/½ sdt garam

2,5 ml/½ sdt baking powder

50 g/2 ons/¼ cangkir lemak babi (pemendekan lemak)

50 g/2 ons/¼ cangkir mentega atau margarin

100 g/4 ons/2/3 cangkir kismis

120 ml/4 fl oz/½ cangkir susu

Pelumas

Campur bahan kering, lalu olesi lemak babi dan mentega atau margarin hingga adonan menyerupai remah roti. Aduk kismis dan buat lubang di tengahnya. Campurkan susu secukupnya untuk membuat adonan yang kaku. Pada permukaan yang diberi sedikit tepung, gulung hingga setebal 1 cm/½ dan tusuk bagian atasnya dengan garpu. Panaskan wajan atau wajan berat (penggorengan) dan olesi sedikit. Panggang kue selama kurang lebih 5 menit, hingga sisi bawahnya berwarna keemasan, lalu balikkan dan panggang sisi lainnya selama kurang lebih 4 menit. Sajikan dengan dibelah dan diolesi mentega.

Kue Wales

Melayani 4

225 g/8 ons/2 cangkir tepung terigu (serba guna).

5 ml/1 sdt baking powder

2,5 ml/½ sdt bumbu halus (apel gulung).

50 g/2 ons/¼ cangkir mentega atau margarin

50 g/2 ons/¼ cangkir lemak babi (pemendekan lemak)

75g/3oz/1/3 cangkir gula bubuk (halus).

50 g/2 ons/1/3 cangkir kismis

1 butir telur, kocok

30-45ml/2-3 sdm susu

Campur tepung terigu, baking powder, dan campuran bumbu dalam mangkuk. Gosok mentega atau margarin dan lemak babi sampai campurannya menyerupai remah roti. Aduk gula dan kismis. Campurkan telur dan susu secukupnya untuk membuat adonan yang kaku. Di atas papan yang sudah ditaburi tepung, gulung setebal 5 mm/¼ dan potong menjadi 7,5 cm/3 bulatan. Panggang di atas loyang yang sudah diolesi minyak selama sekitar 4 menit di setiap sisinya hingga berwarna cokelat keemasan.

Pancake Welsh

Buat 12

175g/6oz/1½ cangkir tepung terigu (serba guna).

2,5 ml/½ sendok teh asam tartarat

2,5 ml/½ sdt soda kue (baking soda)

50g/2oz/¼ cangkir gula bubuk (halus).

25 g/1 ons/2 sdm mentega atau margarin

1 butir telur, kocok

120 ml/4 fl oz/½ cangkir susu

2,5 ml/½ sdt cuka

Pelumas

Campur bahan kering dan aduk gula. Oleskan mentega atau margarin dan buat lubang di tengahnya. Campur telur dan susu secukupnya untuk membuat adonan encer. Aduk cuka. Panaskan wajan atau wajan berat (penggorengan) dan olesi sedikit. Sendok massa ke dalam wajan dan goreng (didihkan) selama sekitar 3 menit sampai bagian bawah berwarna cokelat keemasan. Balik dan masak sisi lainnya selama sekitar 2 menit. Sajikan panas dan mentega.

Roti Jagung Berbumbu Meksiko

Buat 8 gulungan

225 g/8 ons/2 cangkir tepung terigu (mengembang sendiri).

5 ml/1 sendok teh bubuk cabai

2,5 ml/½ sdt soda kue (baking soda)

200g/7oz/1 kaleng kecil krim jagung manis (jagung)

15 ml/1 sendok makan pasta kari

250 ml/8 fl oz/1 cangkir yogurt tawar

Minyak untuk menggoreng dangkal

Campurkan tepung terigu, bubuk cabai dan baking soda. Campur sisa bahan kecuali minyak dan aduk menjadi adonan lembut. Balikkan ke permukaan yang diberi sedikit tepung dan uleni dengan lembut sampai halus. Potong menjadi delapan bagian dan tepuk masing-masing menjadi lingkaran 13cm. Panaskan minyak dalam wajan (wajan) yang berat dan goreng (kukus) roti jagung selama 2 menit di setiap sisinya hingga kecoklatan dan sedikit mengembang.

roti pipih Swedia

Lakukan 4

225 g/8 ons/2 cangkir tepung gandum utuh (whole wheat).

225 g/8 ons/2 cangkir tepung rye atau barley

5 ml/1 sdt garam

Sekitar 250 ml/8 fl oz/1 cangkir air suam-suam kuku

Pelumas

Campur tepung dan garam dalam mangkuk, lalu campurkan air secara bertahap sampai Anda memiliki adonan yang keras. Anda mungkin membutuhkan lebih banyak atau lebih sedikit air tergantung pada tepung yang Anda gunakan. Kocok rata sampai adonan keluar dari sisi mangkuk, lalu balikkan ke permukaan yang sudah ditaburi sedikit tepung dan uleni selama 5 menit. Bagi adonan menjadi empat bagian dan giling tipis menjadi 20 cm/8 lingkaran. Panaskan wajan atau wajan besar (wajan) dan olesi sedikit. Goreng (kukus) satu atau dua roti sekaligus selama sekitar 15 menit di setiap sisinya hingga berwarna cokelat keemasan.

Gandum kukus dan roti jagung manis

Membuat satu roti berukuran 23cm/9

175 g/6 ons/1½ cangkir tepung gandum hitam

175 g/6 ons/1½ cangkir tepung gandum utuh (whole wheat).

100 g/4 ons/1 cangkir oatmeal

10 ml/2 sdt soda kue (soda kue)

5 ml/1 sdt garam

450 ml/¾ pt/2 cangkir susu

175 g/6 ons/½ cangkir sirup treacle hitam (molase)

10 ml/2 sdt jus lemon

Campur tepung, oatmeal, soda kue, dan garam. Panaskan susu, sirup, dan jus lemon hingga suam-suam kuku, lalu aduk ke dalam bahan kering. Sendok ke dalam mangkuk puding berukuran 23 cm yang sudah diolesi minyak dan tutupi dengan kertas kusut. Tempatkan dalam panci besar dan isi dengan air panas secukupnya hingga separuh sisi kaleng. Tutup dan masak selama 3 jam, tambahkan air mendidih jika perlu. Biarkan semalaman sebelum disajikan.

Roti Jagung Manis Kukus

Membuat dua roti 450g/1lb

175g/6oz/1½ cangkir tepung terigu (serba guna).

225 g/8 ons/2 cangkir tepung jagung

15 ml/1 sendok makan baking powder

Sejumput garam

3 telur

45 ml/3 sdm minyak

150 ml/¼ pt/2/3 cangkir susu

300g/11oz jagung manis kalengan (jagung), tiriskan dan tumbuk

Campur tepung terigu, maizena, baking powder dan garam. Kocok telur, minyak dan susu, lalu campurkan ke dalam bahan kering dengan jagung manis. Sendokkan ke dalam dua loyang roti (panci) 450g/1lb yang sudah diolesi minyak dan tempatkan di dalam panci besar berisi air mendidih secukupnya hingga separuh sisi cetakan. Tutup dan biarkan mendidih selama 2 jam, tambahkan air mendidih jika perlu. Biarkan dingin di cetakan sebelum dibalik dan diiris.

Chapati gandum utuh

Buat 12

225 g/8 ons/2 cangkir tepung gandum utuh (whole wheat).

5 ml/1 sdt garam

150 ml/¼ pt/2/3 gelas air

Campur tepung dan garam dalam mangkuk, lalu campurkan air secara bertahap sampai Anda memiliki adonan yang keras. Bagi menjadi 12 bagian dan gulung tipis di atas permukaan tepung. Olesi wajan berat (penggorengan) atau wajan dan goreng (rebus) beberapa chapati sekaligus dengan api sedang sampai bagian bawahnya berwarna cokelat. Balik dan masak sisi lainnya hingga berwarna kecokelatan. Jaga agar chapati tetap hangat saat Anda menggoreng sisanya. Sajikan dengan mentega di satu sisi, jika diinginkan.

Puri gandum utuh

Buat 8

100 g/4 ons/1 cangkir tepung gandum utuh (whole wheat).

100 g/4 ons/1 cangkir tepung terigu (serba guna).

2,5 ml/½ sdt garam

25g/1oz/2 sdm mentega atau margarin, lelehkan

150 ml/¼ pt/2/3 gelas air

Minyak untuk menggoreng

Campur terigu dan garam, buat lubang ditengahnya. Tambahkan mentega atau margarin. Tambahkan air secara bertahap dan aduk menjadi adonan yang keras. Uleni selama 5-10 menit, lalu tutup dengan kain lembab dan diamkan selama 15 menit.

Bagi adonan menjadi delapan bagian dan gulung masing-masing menjadi lingkaran tipis berukuran 13cm/5. Panaskan minyak dalam wajan besar (wajan) dan goreng (tumis) puris satu atau dua sekaligus sampai mengembang dan menjadi renyah dan keemasan. Tiriskan di atas kertas dapur (handuk kertas).

Kue almond

Jadikan 24

100g/4oz/½ cangkir mentega atau margarin, dilunakkan

50g/2oz/¼ cangkir gula bubuk (halus).

100 g/4 ons/1 cangkir tepung mengembang sendiri (mengembang sendiri).

25 g/1 ons/¼ cangkir almond bubuk

Beberapa tetes sari almond (ekstrak)

Kocok butter atau margarine dan gula hingga lembut dan mengembang. Campur tepung, almond bubuk, dan sari almond menjadi adonan kental. Bentuk bola-bola besar seukuran kenari dan sebarkan dengan baik di atas loyang (kue) yang sudah diolesi minyak, lalu tekan perlahan dengan garpu untuk meratakannya. Panggang cookies (biskuit) dalam oven yang sudah dipanaskan sebelumnya dengan suhu 180°C/350°F/tanda gas 4 selama 15 menit hingga berwarna cokelat keemasan.

Ikal almond

Jadikan 30

100 g/4 ons/1 cangkir kacang almond yang dipotong-potong

100g/4oz/½ cangkir mentega atau margarin

100g/4oz/½ cangkir gula keras (halus).

30 ml/2 sendok makan susu

15-30ml/1-2 sdm tepung terigu (serba guna).

Tempatkan almond, mentega atau margarin, gula dan susu dalam panci dengan 15ml/1 sdm tepung. Panaskan perlahan, aduk hingga tercampur rata, tambahkan sisa tepung sesuai kebutuhan untuk menyatukan campuran. Letakkan sesendok penuh di atas loyang (kue) yang sudah diolesi minyak dan ditaburi tepung dan panggang dalam oven yang sudah dipanaskan sebelumnya pada suhu 180°C/350°F/tanda gas 4 selama 8 menit sampai berwarna cokelat muda. Biarkan dingin di atas loyang selama sekitar 30 detik, lalu gulung di sekitar gagang sendok kayu. Jika terlalu dingin untuk dibentuk, kembalikan ke oven selama beberapa detik untuk dipanaskan kembali sebelum membentuk sisanya.

Cincin almond

Jadikan 24

100g/4oz/½ cangkir mentega atau margarin, dilunakkan

100g/4oz/½ cangkir gula keras (halus).

1 butir telur, pisahkan

225 g/8 ons/2 cangkir tepung terigu (serba guna).

5 ml/1 sdt baking powder

5 ml/1 sdt parutan kulit lemon

50 g/2 ons/½ cangkir kacang almond yang dipotong-potong

Gula besi (sangat halus) untuk debu

Kocok butter atau margarine dan gula hingga lembut dan mengembang. Campurkan kuning telur secara bertahap, lalu campurkan tepung, baking powder, dan kulit lemon, aduk dengan tangan sampai adonan menyatu. Giling setebal 5mm/¼ dan gunakan pemotong biskuit untuk memotong lingkaran berukuran 6cm/2¼, lalu potong bagian tengahnya dengan pemotong 2cm/¾. Tempatkan kue dengan baik di atas loyang yang sudah diolesi minyak dan tusuk dengan garpu. Panggang dalam oven yang sudah dipanaskan pada suhu 180°C/350°F/tanda gas 4 selama 10 menit. Olesi dengan putih telur, taburi dengan almond dan gula, lalu kembali ke oven selama 5 menit lagi sampai berwarna keemasan pucat.

Retak almond Mediterania

Jadikan 24

2 butir telur, pisahkan

175 g/6 ons/1 cangkir gula halus, diayak

10 ml/2 sdt baking powder

Parutan kulit ½ lemon

Beberapa tetes vanilla essence (ekstrak)

400g/14oz/3½ cangkir almond bubuk

Kocok kuning telur dan satu putih telur dengan gula hingga pucat dan mengembang. Campur semua bahan yang tersisa dan aduk menjadi adonan yang kaku. Gulung menjadi bola seukuran kenari dan letakkan di atas loyang (kue) yang sudah diolesi minyak, tekan dengan lembut untuk meratakannya. Panggang dalam oven yang sudah dipanaskan dengan suhu 180°C/350°F/tanda gas 4 selama 15 menit, hingga berwarna keemasan dan retak di permukaannya.

Biskuit almond dan coklat chip

Jadikan 24

50 g/2 ons/¼ cangkir mentega atau margarin, dilunakkan

75g/3oz/1/3 cangkir gula bubuk (halus).

1 telur kecil, kocok

100 g/4 ons/1 cangkir tepung terigu (serba guna).

2,5 ml/½ sdt baking powder

25 g/1 ons/¼ cangkir almond bubuk

25 g/1 ons/¼ cangkir cokelat polos (semi-manis), parut

Kocok butter atau margarine dan gula hingga lembut dan mengembang. Kocok telur sedikit demi sedikit, lalu campurkan sisa bahan untuk mendapatkan adonan yang cukup kaku. Jika campuran terlalu basah, tambahkan sedikit tepung lagi. Bungkus dengan cling film (bungkus plastik) dan dinginkan selama 30 menit.

Giling adonan menjadi bentuk silinder dan potong menjadi 1 cm/½ irisan. Ratakan di atas loyang yang sudah diolesi minyak (untuk biskuit) dan panggang dalam oven yang sudah dipanaskan sebelumnya pada suhu 190°C/375°F/tanda gas 5 selama 10 menit.

Kue Amish dengan buah dan kacang

Jadikan 24

100g/4oz/½ cangkir mentega atau margarin, dilunakkan

175g/6oz/¾ cangkir (sangat halus) gula

1 telur

75 ml/5 sendok makan susu

75 g/3 ons/¼ cangkir sirup treacle hitam (molase)

250g/9oz/2¼ cangkir tepung terigu (serba guna).

10 ml/2 sdt baking powder

15 ml/1 sendok makan bubuk kayu manis

10 ml/2 sdt soda kue (soda kue)

2,5 ml/½ sdt pala parut

50 g/2 ons/½ cangkir oat gulung ukuran sedang

50 g/2 ons/1/3 cangkir kismis

25 g/1 ons/¼ cangkir kacang campur cincang

Kocok butter atau margarine dan gula hingga lembut dan mengembang. Kocok telur secara bertahap, lalu susu dan sirup molase. Tambahkan sisa bahan dan aduk menjadi adonan yang kaku. Tambahkan sedikit susu lagi jika campurannya terlalu lengket untuk dikerjakan, atau tambahkan sedikit tepung jika terlalu lengket; teksturnya akan bervariasi tergantung pada tepung yang Anda gunakan. Giling adonan hingga setebal 5 mm/¼ dan potong menjadi lingkaran dengan pemotong kue. Letakkan di atas nampan (kue) yang sudah diolesi minyak dan panggang dalam oven yang sudah dipanaskan sebelumnya pada suhu 180°C/350°F/gas 4 selama 10 menit hingga berwarna keemasan.

kue John's wort

Buat 16

175g/6oz/¾ cangkir (sangat halus) gula

2 putih telur

1 telur

100 g/4 ons/1 cangkir tepung terigu (serba guna).

5 ml/1 sdt adas manis

Kocok gula, putih telur dan telur selama 10 menit. Kocok tepung secara bertahap dan aduk adas manis. Masukkan adonan ke dalam loyang 450g/1lb (baki pemanggang) dan panggang dalam oven yang telah dipanaskan sebelumnya pada suhu 180°C/350°F/gas 4 selama 35 menit, sampai tusuk sate yang dimasukkan ke tengah keluar bersih. Angkat dari wajan dan potong menjadi 1 cm/½ irisan. Letakkan kue (biskuit) di sisinya di atas loyang (biskuit) yang sudah diolesi minyak dan kembali ke oven selama 10 menit lagi, putar setengah jalan saat dipanggang.

Kue pisang, oat, dan jeruk

Jadikan 24

100g/4oz/½ cangkir mentega atau margarin, dilunakkan

100g/4oz pisang matang, tumbuk

120 ml/4 fl oz/½ cangkir jus jeruk

4 putih telur, kocok sebentar

10 ml/2 sdt vanilla essence (ekstrak)

5 ml/1 sendok teh kulit jeruk parut halus

225 g/8 ons/2 cangkir oat gulung

225 g/8 ons/2 cangkir tepung terigu (serba guna).

5 ml/1 sendok teh soda kue (baking soda)

5 ml/1 sdt pala parut

Sejumput garam

Kocok mentega atau margarin hingga lembut, lalu masukkan pisang dan jus jeruk. Campur putih telur, vanilla essence dan orange zest, lalu masukkan ke dalam adonan pisang, disusul bahan lainnya. Letakkan sesendok penuh di atas loyang (kue kering) dan panggang dalam oven yang sudah dipanaskan sebelumnya pada suhu 180°C/350°F/gas 4 selama 20 menit hingga berwarna cokelat keemasan.

Cookie dasar

Jadikan 40

100g/4oz/½ cangkir mentega atau margarin, dilunakkan

100g/4oz/½ cangkir gula keras (halus).

1 butir telur, kocok

5 ml/1 sendok teh vanilla essence (ekstrak)

225 g/8 ons/2 cangkir tepung terigu (serba guna).

Kocok butter atau margarine dan gula hingga lembut dan mengembang. Campurkan telur dan esens vanila secara bertahap, lalu campurkan tepung dan uleni adonan yang halus. Gulung menjadi bola, bungkus dengan clingfilm (film plastik) dan dinginkan selama 1 jam.

Pipihkan adonan hingga setebal 5 mm/¼ dan potong menjadi lingkaran dengan pemotong kue. Susun di atas nampan (kue) yang sudah diolesi minyak dan panggang dalam oven yang sudah dipanaskan sebelumnya dengan suhu 200°C/400°F/tanda gas 6 selama 10 menit hingga berwarna cokelat keemasan. Biarkan dingin di atas loyang selama 5 menit sebelum dipindahkan ke rak kawat hingga dingin.

Biskuit renyah dengan dedak

Buat 16

100 g/4 ons/1 cangkir tepung gandum utuh (whole wheat).

100g/4oz/½ cangkir gula merah lembut

25 g/1 ons/¼ cangkir oatmeal

25 g/1 ons/½ cangkir dedak

5 ml/1 sendok teh soda kue (baking soda)

5 ml/1 sdt jahe bubuk

100g/4oz/½ cangkir mentega atau margarin

15ml/1 sdm sirup emas (jagung muda).

15 ml/1 sendok makan susu

Campur bahan kering. Lelehkan mentega dengan sirup dan susu, lalu campurkan ke dalam bahan kering hingga membentuk adonan yang kaku. Sendok adonan biskuit (biskuit) ke atas loyang (biskuit) yang sudah diolesi minyak dan panggang dalam oven yang sudah dipanaskan sebelumnya pada suhu 160°C/325°F/gas 3 selama 15 menit hingga berwarna cokelat keemasan.

Kue dengan dedak wijen

Buat 12

225 g/8 ons/2 cangkir tepung gandum utuh (whole wheat).

5 ml/1 sdt baking powder

25 g/1 ons/½ cangkir dedak

Sejumput garam

50 g/2 ons/¼ cangkir mentega atau margarin

45ml/3 sdm gula merah halus

45 ml/3 sendok makan sultana (kismis emas)

1 butir telur, kocok sebentar

120 ml/4 fl oz/½ cangkir susu

45 ml/3 sdm biji wijen

Campur tepung terigu, baking powder, dedak dan garam, lalu olesi mentega atau margarin hingga adonan menyerupai remah roti. Campur gula dan sultana, lalu campurkan telur dan susu secukupnya untuk membuat adonan yang lembut tapi tidak lengket. Giling setebal 1 cm/½ dan potong lingkaran dengan pemotong kue. Letakkan di atas loyang yang sudah diolesi minyak (kue), olesi dengan susu dan taburi dengan wijen. Panggang dalam oven yang sudah dipanaskan pada suhu 220°C/425°F/tanda gas 7 selama 10 menit hingga berwarna cokelat keemasan.

Kue panggang dengan jintan

Jadikan 30

25 g/1 ons/2 sdm mentega lunak atau margarin

75 g/3 ons/1/3 cangkir gula merah lembut

½ telur

10 ml/2 sendok teh brendi

175g/6oz/1½ cangkir tepung terigu (serba guna).

10 ml/2 sdt biji jintan

5 ml/1 sdt baking powder

Sejumput garam

Kocok butter atau margarine dan gula hingga lembut dan mengembang. Kocok telur dan brendi secara bertahap, lalu campurkan sisa bahan dan aduk adonan yang keras. Bungkus dengan cling film (bungkus plastik) dan dinginkan selama 30 menit.

Ratakan adonan di atas permukaan yang ditaburi sedikit tepung hingga setebal sekitar 3 mm/1/8 dan potong menjadi lingkaran dengan pemotong kue. Tempatkan cookie di atas loyang yang diolesi minyak (cookie) dan panggang dalam oven yang sudah dipanaskan sebelumnya pada suhu 200°C/400°F/gas 6 selama 10 menit.

Brandy Snaps

Jadikan 30

100g/4oz/½ cangkir mentega atau margarin

100 g/4 ons/1/3 cangkir sirup emas (jagung muda).

100g/4oz/½ cangkir gula demerara

100 g/4 ons/1 cangkir tepung terigu (serba guna).

5 ml/1 sdt jahe bubuk

5 ml/1 sdt jus lemon

Lelehkan mentega atau margarin, sirup, dan gula dalam wajan. Biarkan agak dingin, lalu masukkan tepung dan jahe, diikuti dengan jus lemon. Tempatkan satu sendok teh campuran dengan jarak 10 cm/4 di atas baki (kue) yang sudah diolesi minyak dan panggang dalam oven yang sudah dipanaskan sebelumnya pada suhu 180°C/350°F/tanda gas 4 selama 8 menit sampai berwarna cokelat keemasan. Biarkan dingin sebentar, lalu angkat irisan dari wajan dan gulung di atas gagang sendok kayu yang sudah diolesi minyak. Lepaskan gagang sendok dan biarkan hingga dingin di rak kawat. Jika karangan bunga terlalu mengeras sebelum dibentuk, masukkan kembali ke dalam oven sebentar untuk menghangatkan dan melembutkan.

Kue mentega

Jadikan 24

100g/4oz/½ cangkir mentega atau margarin, dilunakkan

50g/2oz/¼ cangkir gula bubuk (halus).

Parutan kulit 1 lemon

150g/5oz/1¼ cangkir tepung terigu yang mengembang sendiri

Kocok butter atau margarine dan gula hingga lembut dan mengembang. Aduk kulit lemon, lalu lipat tepung menjadi campuran yang kaku. Bentuk bola-bola besar seukuran kenari dan sebarkan dengan baik di atas loyang (kue) yang sudah diolesi minyak, lalu tekan perlahan dengan garpu untuk meratakannya. Panggang cookies (biskuit) dalam oven yang sudah dipanaskan sebelumnya dengan suhu 180°C/350°F/tanda gas 4 selama 15 menit hingga berwarna cokelat keemasan.

Kue mentega

Jadikan 40

100g/4oz/½ cangkir mentega atau margarin, dilunakkan

100g/4oz/½ cangkir gula merah lembut gelap

1 butir telur, kocok

1,5 ml/¼ sdt vanilla essence (ekstrak)

225 g/8 ons/2 cangkir tepung terigu (serba guna).

7,5 ml/1½ sdt baking powder

Sejumput garam

Kocok butter atau margarine dan gula hingga lembut dan mengembang. Campurkan telur dan esens vanila secara bertahap. Campur tepung terigu, baking powder dan garam. Bentuk adonan menjadi tiga gulungan berdiameter sekitar 5 cm/2, bungkus dengan cling film (bungkus plastik) dan dinginkan selama 4 jam atau semalaman.

Potong menjadi irisan setebal 3 mm/1/8 dan atur di atas loyang kue yang tidak diolesi mentega. Panggang biskuit (biskuit) dalam oven yang telah dipanaskan sebelumnya dengan suhu 190°C/375°F/gas mark 5 selama 10 menit hingga berwarna kecoklatan.

Kue karamel

Jadikan 30

50 g/2 ons/¼ cangkir mentega atau margarin, dilunakkan

50 g/2 ons/¼ cangkir lemak babi (pemendekan lemak)

225 g/8 ons/1 cangkir gula merah lembut

1 butir telur, kocok sebentar

175g/6oz/1½ cangkir tepung terigu (serba guna).

1,5 ml/¼ sdt soda kue (baking soda)

1,5ml/¼ sendok teh asam tartarat

Sejumput pala parut

10 ml/2 sdt air

2,5 ml/½ sdt vanilla essence (ekstrak)

Campur mentega atau margarin, lemak babi dan gula sampai ringan dan halus. Kocok telur secara bertahap. Tambahkan tepung, soda kue, krim anggur, dan pala, lalu tambahkan air dan esens vanila, lalu aduk adonan lembut. Gulung menjadi bentuk sosis, bungkus dengan cling film (bungkus plastik) dan dinginkan setidaknya selama 30 menit, sebaiknya lebih lama.

Potong adonan menjadi 1 cm/½ irisan dan oleskan di atas loyang (kue kering) yang sudah diolesi minyak. Panggang cookies (biskuit) dalam oven yang sudah dipanaskan sebelumnya pada suhu 180°C/350°F/gas 4 selama 10 menit hingga berwarna keemasan.

Kue dengan wortel dan kenari

Buat 48

175 g/6 ons/¾ cangkir mentega atau margarin, dilunakkan

100g/4oz/½ cangkir gula merah lembut

50g/2oz/¼ cangkir gula bubuk (halus).

1 butir telur, kocok sebentar

225 g/8 ons/2 cangkir tepung terigu (serba guna).

5 ml/1 sdt baking powder

2,5 ml/½ sdt garam

100g/4oz/½ cangkir wortel matang tumbuk

100 g/4 ons/1 cangkir kenari cincang

Campur mentega atau margarin dan gula sampai ringan dan halus. Masukkan telur secara bertahap, lalu tambahkan tepung, baking powder, dan garam. Tambahkan wortel dan kenari tumbuk. Jatuhkan sesendok kecil ke nampan (biskuit) yang diolesi minyak dan panggang dalam oven yang sudah dipanaskan sebelumnya pada suhu 200°C/400°F/tanda gas 6 selama 10 menit.

Kue oranye dengan wortel dan kenari

Buat 48

Untuk biskuit:

175 g/6 ons/¾ cangkir mentega atau margarin, dilunakkan

100g/4oz/½ cangkir gula keras (halus).

50 g/2 ons/¼ cangkir gula cokelat lembut

1 butir telur, kocok sebentar

225 g/8 ons/2 cangkir tepung terigu (serba guna).

5 ml/1 sdt baking powder

2,5 ml/½ sdt garam

5 ml/1 sendok teh vanilla essence (ekstrak)

100g/4oz/½ cangkir wortel matang tumbuk

100 g/4 ons/1 cangkir kenari cincang

Untuk glasir (glasir):

175 g/6 ons/1 cangkir gula halus, diayak

10 ml/2 sdt parutan kulit jeruk

30 ml/2 sdm air jeruk

Untuk membuat kue, kocok mentega atau margarin dan gula sampai ringan dan halus. Masukkan telur secara bertahap, lalu tambahkan tepung, baking powder, dan garam. Tambahkan esens vanila, wortel tumbuk, dan kenari. Jatuhkan sesendok kecil ke nampan (biskuit) yang diolesi minyak dan panggang dalam oven yang sudah dipanaskan sebelumnya pada suhu 200°C/400°F/tanda gas 6 selama 10 menit.

Untuk membuat glaze, masukkan gula bubuk ke dalam mangkuk, aduk kulit jeruk dan buat lubang di tengahnya. Tambahkan jus jeruk secara bertahap sampai Anda mendapatkan glasir yang halus namun cukup kental. Selagi masih hangat, olesi kue, lalu biarkan dingin dan mengeras.

kue ceri

Buat 48

100g/4oz/½ cangkir mentega atau margarin, dilunakkan

100g/4oz/½ cangkir gula keras (halus).

1 butir telur, kocok

5 ml/1 sendok teh vanilla essence (ekstrak)

225 g/8 ons/2 cangkir tepung terigu (serba guna).

50 g/2 ons/¼ cangkir ceri berlapis (manisan), cincang

Kocok butter atau margarine dan gula hingga lembut dan mengembang. Kocok telur dan esens vanila secara bertahap, lalu tambahkan tepung dan ceri, lalu uleni adonan halus. Gulung menjadi bola, bungkus dengan clingfilm (film plastik) dan dinginkan selama 1 jam.

Pipihkan adonan hingga setebal 5 mm/¼ dan potong menjadi lingkaran dengan pemotong kue. Susun di atas nampan (kue) yang sudah diolesi minyak dan panggang dalam oven yang sudah dipanaskan sebelumnya dengan suhu 200°C/400°F/tanda gas 6 selama 10 menit hingga berwarna cokelat keemasan. Biarkan dingin di atas loyang selama 5 menit sebelum dipindahkan ke rak kawat hingga dingin.

Cincin ceri dan almond

Jadikan 24

100g/4oz/½ cangkir mentega atau margarin, dilunakkan

100g/4oz/½ cangkir gula kastor (halus), ditambah ekstra untuk taburan

1 butir telur, pisahkan

225 g/8 ons/2 cangkir tepung terigu (serba guna).

5 ml/1 sdt baking powder

5 ml/1 sdt parutan kulit lemon

60 ml/4 sendok makan ceri berlapis (manisan).

50 g/2 ons/½ cangkir kacang almond yang dipotong-potong

Kocok butter atau margarine dan gula hingga lembut dan mengembang. Campurkan kuning telur secara bertahap, lalu campurkan tepung, baking powder, kulit lemon dan ceri, akhiri dengan tangan hingga adonan menyatu. Giling setebal 5mm/¼ dan potong menjadi 6cm/2¼ lingkaran dengan pemotong kue, lalu potong bagian tengahnya dengan pemotong 2cm/¾. Tempatkan kue dengan baik di atas loyang yang sudah diolesi minyak dan tusuk dengan garpu. Panggang dalam oven yang sudah dipanaskan pada suhu 180°C/350°F/tanda gas 4 selama 10 menit. Olesi dengan putih telur dan taburi dengan almond dan gula, lalu kembali ke oven selama 5 menit lagi sampai berwarna keemasan pucat.

Biskuit Mentega Cokelat

Jadikan 24

100g/4oz/½ cangkir mentega atau margarin

50g/2oz/¼ cangkir gula bubuk (halus).

100 g/4 ons/1 cangkir tepung mengembang sendiri (mengembang sendiri).

30 ml/2 sendok makan bubuk kakao (cokelat tanpa pemanis).

Kocok butter atau margarine dan gula hingga lembut dan mengembang. Campur tepung dan kakao menjadi campuran kental. Bentuk bola-bola besar seukuran kenari dan sebarkan dengan baik di atas loyang (kue) yang sudah diolesi minyak, lalu tekan perlahan dengan garpu untuk meratakannya. Panggang cookies (biskuit) dalam oven yang sudah dipanaskan sebelumnya dengan suhu 180°C/350°F/gas mark 4 selama 15 menit hingga berwarna coklat.

Roti gulung cokelat dan ceri

Jadikan 24

100g/4oz/½ cangkir mentega atau margarin, dilunakkan

100g/4oz/½ cangkir gula keras (halus).

1 telur

2,5 ml/½ sdt vanilla essence (ekstrak)

225 g/8 ons/2 cangkir tepung terigu (serba guna).

5 ml/1 sdt baking powder

Sejumput garam

25 g/1 ons/¼ cangkir bubuk kakao (cokelat tanpa pemanis).

25 g/1 ons/2 sdm ceri berlapis (manisan), cincang

Kocok mentega dan gula sampai ringan dan halus. Kocok telur dan esens vanila secara bertahap, lalu campurkan tepung, baking powder, dan garam untuk mendapatkan adonan yang kaku. Bagi adonan menjadi dua dan campur kakao menjadi satu bagian dan ceri menjadi bagian lainnya. Bungkus dengan cling film (bungkus plastik) dan dinginkan selama 30 menit.

Gulung setiap adonan menjadi persegi panjang setebal 3 mm/1/8, lalu letakkan satu di atas yang lain dan tekan dengan lembut menggunakan rolling pin. Gulung dari sisi terpanjang dan jepit dengan lembut. Potong-potong setebal 1 cm/½ dan ratakan di atas nampan (kue) yang sudah diolesi minyak. Panggang dalam oven yang sudah dipanaskan pada suhu 200°C/400°F/tanda gas 6 selama 10 menit.

Kue coklat

Jadikan 24

75 g/3 ons/1/3 cangkir mentega atau margarin

175g/6oz/1½ cangkir tepung terigu (serba guna).

5 ml/1 sdt baking powder

Sejumput soda kue (baking soda)

50 g/2 ons/¼ cangkir gula cokelat lembut

45ml/3 sdm sirup emas (jagung muda).

100 g/4 ons/1 cangkir keping cokelat

Gosokkan mentega atau margarin ke dalam tepung terigu, baking powder dan baking soda hingga adonan menyerupai remah roti. Aduk gula, sirup, dan keping cokelat, lalu aduk menjadi adonan halus. Bentuk bola-bola kecil dan letakkan di atas loyang yang sudah diolesi minyak (untuk kue kering), tekan sedikit untuk meratakannya. Panggang cookies (biskuit) dalam oven yang sudah dipanaskan sebelumnya pada suhu 190°C/375°F/gas 5 selama 15 menit hingga berwarna keemasan.

Biskuit coklat dan pisang

Jadikan 24

75 g/3 ons/1/3 cangkir mentega atau margarin

175g/6oz/1½ cangkir tepung terigu (serba guna).

5 ml/1 sdt baking powder

2,5 ml/½ sdt soda kue (baking soda)

50 g/2 ons/¼ cangkir gula cokelat lembut

45ml/3 sdm sirup emas (jagung muda).

50g/2oz/½ cangkir keping cokelat

50g/2oz/½ cangkir keripik pisang kering, cincang kasar

Gosokkan mentega atau margarin ke dalam tepung terigu, baking powder dan baking soda hingga adonan menyerupai remah roti. Aduk gula, sirup, cokelat, dan keripik pisang, lalu aduk menjadi adonan halus. Bentuk bola-bola kecil dan letakkan di atas loyang yang sudah diolesi minyak (untuk kue kering), tekan sedikit untuk meratakannya. Panggang cookies (biskuit) dalam oven yang sudah dipanaskan sebelumnya pada suhu 190°C/375°F/gas 5 selama 15 menit hingga berwarna keemasan.

Gigitan cokelat dan kacang

Jadikan 24

50 g/2 ons/¼ cangkir mentega atau margarin, dilunakkan

175g/6oz/¾ cangkir (sangat halus) gula

1 telur

5 ml/1 sendok teh vanilla essence (ekstrak)

25 g/1 ons/¼ cangkir cokelat polos (semi-manis), lelehkan

100 g/4 ons/1 cangkir tepung terigu (serba guna).

5 ml/1 sdt baking powder

Sejumput garam

30 ml/2 sendok makan susu

25 g/1 ons/¼ cangkir kacang campur cincang

Gula bubuk (confectioners), diayak, untuk taburan

Campur mentega atau margarin dan gula bubuk hingga ringan dan mengembang. Campurkan telur dan esens vanila secara bertahap, lalu campurkan cokelat. Campur tepung terigu, baking powder dan garam lalu campurkan secara bergantian dengan susu. Aduk kacang, tutup dan dinginkan selama 3 jam.

Gulung adonan menjadi 3 cm/1½ bola dan gulingkan di gula halus. Susun di atas loyang yang sudah diolesi sedikit minyak (untuk biskuit) dan panggang dalam oven yang sudah dipanaskan sebelumnya dengan suhu 180°C/350°F/tanda gas 4 selama 15 menit sampai agak kecokelatan. Sajikan dengan taburan gula halus.

kue chip coklat Amerika

Buat 20

225 g/8 ons/1 cangkir lemak babi (lemak babi)

225 g/8 ons/1 cangkir gula merah lembut

100g/4oz/½ cangkir gula pasir

5 ml/1 sendok teh vanilla essence (ekstrak)

2 butir telur, kocok sebentar

175g/6oz/1½ cangkir tepung terigu (serba guna).

5 ml/1 sdt garam

5 ml/1 sendok teh soda kue (baking soda)

225 g/8 ons/2 cangkir oat gulung

350 g/12 ons/3 cangkir keping cokelat

Campur shortening, gula, dan esens vanila hingga ringan dan mengembang. Kocok telur secara bertahap. Campurkan tepung, garam, soda kue, dan oat, lalu campurkan keping cokelat. Tempatkan adonan dengan sesendok penuh di atas loyang yang sudah diolesi minyak (biskuit) dan panggang dalam oven yang sudah dipanaskan sebelumnya pada suhu 180°C/350°F/tanda gas 4 selama sekitar 10 menit hingga berwarna keemasan.

Krim cokelat

Jadikan 24

175 g/6 ons/¾ cangkir mentega atau margarin, dilunakkan

175g/6oz/¾ cangkir (sangat halus) gula

225 g/8 ons/2 cangkir tepung terigu (mengembang sendiri).

75 g/3 ons/¾ cangkir kelapa kering (parut).

100 g/4 ons/4 cangkir serpihan jagung yang dihancurkan

25 g/1 ons/¼ cangkir bubuk kakao (cokelat tanpa pemanis).

60 ml/4 sendok makan air mendidih

100 g/4 ons/1 cangkir cokelat polos (semi-manis).

Kocok mentega atau margarin dan gula pasir, lalu campurkan tepung terigu, kelapa dan cornflakes. Campur kakao dengan air mendidih lalu aduk ke dalam adonan. Gulung menjadi bola berukuran 2,5 cm/1, letakkan di atas loyang yang sudah diolesi minyak dan tekan perlahan dengan garpu hingga rata. Panggang dalam oven yang sudah dipanaskan pada suhu 180°C/350°F/tanda gas 4 selama 15 menit hingga berwarna cokelat keemasan.

Lelehkan cokelat dalam mangkuk tahan panas di atas panci berisi air yang sedikit mendidih. Sebarkan separuh cookie (biskuit) di atasnya dan tekan separuh lainnya di atasnya. Biarkan dingin.

Biskuit cokelat dan hazelnut

Buat 16

200g/7oz/1 cangkir mentega lunak atau margarin

50g/2oz/¼ cangkir gula bubuk (halus).

100g/4oz/½ cangkir gula merah lembut

10 ml/2 sdt vanilla essence (ekstrak)

1 butir telur, kocok

275g/10oz/2½ cangkir tepung terigu (serba guna).

50 g/2 ons/½ cangkir bubuk kakao (cokelat tanpa pemanis).

5 ml/1 sdt baking powder

75 g/3 ons/¾ cangkir hazelnut

225 g/8 ons/2 cangkir cokelat putih, cincang

Kocok mentega atau margarin, gula pasir dan esens vanila hingga pucat dan mengembang, lalu masukkan telur. Aduk tepung, coklat dan baking powder. Aduk kenari dan cokelat hingga tercampur. Bentuk menjadi 16 bola dan oleskan secara merata di atas loyang yang sudah diolesi minyak dan dialasi, lalu ratakan sedikit dengan bagian belakang sendok. Panggang dalam oven yang sudah dipanaskan sebelumnya pada suhu 160°C/325°F/tanda gas 3 selama kurang lebih 15 menit, sampai matang tapi masih agak lunak.

Kue dengan cokelat dan pala

Jadikan 24

50 g/2 ons/¼ cangkir mentega atau margarin, dilunakkan

100g/4oz/½ cangkir gula keras (halus).

15 ml/1 sendok makan bubuk kakao (cokelat tanpa pemanis).

1 kuning telur

2,5 ml/½ sdt vanilla essence (ekstrak)

150g/5oz/1¼ cangkir tepung terigu (serba guna).

5 ml/1 sdt baking powder

Sejumput pala parut

60 ml/4 sendok makan krim asam (asam laktat).

Kocok butter atau margarine dan gula hingga lembut dan mengembang. Campurkan kakao. Kocok kuning telur dan esens vanila, lalu masukkan tepung, baking powder, dan pala. Aduk krim hingga rata. Tutup dan dinginkan.

Giling adonan setebal 5 mm/¼ dan potong dengan pemotong 5 cm/2. Tempatkan kue di atas loyang yang tidak diberi minyak dan panggang dalam oven yang sudah dipanaskan sebelumnya pada suhu 200°C/400°F/tanda gas 6 selama 10 menit hingga berwarna cokelat keemasan.

Biskuit dengan topping coklat

Buat 16

175 g/6 ons/¾ cangkir mentega atau margarin, dilunakkan

75g/3oz/1/3 cangkir gula bubuk (halus).

175g/6oz/1½ cangkir tepung terigu (serba guna).

50 g/2 ons/½ cangkir beras giling

75 g/3 ons/¾ cangkir keping cokelat

100 g/4 ons/1 cangkir cokelat polos (semi-manis).

Kocok butter atau margarine dan gula hingga lembut dan mengembang. Campur tepung terigu dan beras giling, lalu masukkan choco chips. Tekan ke dalam cetakan gulung yang sudah diolesi minyak (jelly pan) dan tusuk dengan garpu. Panggang dalam oven yang sudah dipanaskan pada suhu 160°C/325°F/tanda gas 3 selama 30 menit hingga berwarna cokelat keemasan. Saat masih hangat, sebarkan di jari Anda, lalu biarkan hingga benar-benar dingin.

Lelehkan cokelat dalam mangkuk tahan panas di atas panci berisi air yang sedikit mendidih. Sebarkan di atas cookies (biskuit) dan biarkan dingin dan mengeras sebelum dipotong menjadi jari. Simpan dalam wadah kedap udara.

Kue sandwich kopi dan cokelat

Jadikan 40

Untuk biskuit:

175 g/6 ons/¾ cangkir mentega atau margarin

Pemendekan 25g/1oz/2tbsp

450 g/1 pon/4 cangkir tepung biasa (serbaguna).

Sejumput garam

100g/4oz/½ cangkir gula merah lembut

5 ml/1 sendok teh soda kue (baking soda)

60 ml/4 sendok makan kopi hitam pekat

5 ml/1 sendok teh vanilla essence (ekstrak)

100 g/4 ons/1/3 cangkir sirup emas (jagung muda).

Untuk isian:

10 ml/2 sendok teh bubuk kopi instan

10 ml/2 sdt air mendidih

50g/2oz/¼ cangkir gula bubuk (halus).

25 g/1 ons/2 sdm mentega atau margarin

15 ml/1 sendok makan susu

Untuk membuat cookies, olesi mentega atau margarin dan lemak babi ke dalam tepung dan garam hingga adonan menyerupai remah roti, lalu masukkan gula merah. Campur soda kue dengan sedikit kopi, lalu aduk ke dalam campuran dengan sisa kopi, esens vanila, dan sirup, lalu aduk hingga menjadi adonan yang halus. Tempatkan dalam mangkuk yang sedikit diminyaki, tutupi dengan cling film (bungkus plastik) dan biarkan semalaman.

Giling adonan di atas permukaan yang ditaburi sedikit tepung hingga setebal 1 cm/½ dan potong menjadi 2 x 7,5 cm/¾ x 3 persegi panjang. Tusuk masing-masing satu per satu dengan garpu untuk membuat pola berusuk. Pindahkan ke loyang (biskuit) yang sudah diolesi minyak dan panggang dalam oven yang sudah dipanaskan sebelumnya pada suhu 200°C/400°F/gas 6 selama 10 menit sampai berwarna cokelat keemasan. Dinginkan di rak kawat.

Untuk membuat isiannya, larutkan bubuk kopi dalam air mendidih dalam panci kecil, lalu aduk sisa bahan dan didihkan. Masak selama 2 menit, lalu angkat dan aduk hingga kental dan dingin. Sandwich sepasang kue bersama isiannya.

kue Natal

Jadikan 24

100g/4oz/½ cangkir mentega atau margarin, dilunakkan

100g/4oz/½ cangkir gula keras (halus).

225 g/8 ons/2 cangkir tepung terigu (serba guna).

Sejumput garam

5 ml/1 sdt bubuk kayu manis

1 kuning telur

10 ml/2 sdt air dingin

Beberapa tetes vanilla essence (ekstrak)

Untuk glasir (glasir):
225 g/8 ons/11/3 cangkir gula (bahan manisan), diayak

30 ml/2 sendok makan air

Pewarna makanan (opsional)

Kocok mentega dan gula sampai ringan dan halus. Campurkan tepung terigu, garam dan kayu manis, lalu campurkan kuning telur, air dan esens vanila dan aduk menjadi adonan yang keras. Bungkus dengan clingfilm (bungkus plastik) dan dinginkan selama 30 menit.

Giling adonan hingga setebal 5 mm/¼ dan potong bentuk Natal dengan pemotong kue atau pisau tajam. Buat lubang di bagian atas setiap kue jika Anda ingin menggantungnya di pohon. Tempatkan bentuk di atas baki (kue) yang diolesi minyak dan panggang dalam oven yang sudah dipanaskan sebelumnya pada suhu 200°C/400°F/gas 6 selama 10 menit hingga berwarna keemasan. Biarkan dingin.

Untuk membuat icing, campurkan air secara bertahap ke dalam gula icing sampai menjadi icing yang cukup kental. Mewarnai jumlah kecil dalam warna yang berbeda jika diinginkan. Pipa pola ke cookie dan biarkan disetel. Masukkan satu lingkaran pita atau benang melalui lubang untuk menggantungnya.

Biskuit kelapa

Buat 32

50 g/2 ons/3 sdm sirup emas (jagung muda).

150g/5oz/2/3 cangkir mentega atau margarin

100g/4oz/½ cangkir gula keras (halus).

100 g/4 ons/1 cangkir tepung terigu (serba guna).

75 g/3 ons/¾ cangkir oat gulung

50 g/2 ons/½ cangkir kelapa kering (parut).

10 ml/2 sdt soda kue (soda kue)

15 ml/1 sendok makan air panas

Lelehkan sirup, mentega atau margarin dan gula. Campurkan tepung, oat, dan kelapa kering. Campur baking soda dengan air panas lalu campurkan sisa bahan. Biarkan adonan agak dingin, lalu bagi menjadi 32 bagian dan gulung masing-masing menjadi bola. Ratakan cookies (biskuit) dan susun di atas loyang (biskuit) yang sudah diolesi minyak. Panggang dalam oven yang sudah dipanaskan pada suhu 160°C/325°F/tanda gas 3 selama 20 menit hingga berwarna cokelat keemasan.

Kue jagung dengan krim buah

Buat 12

150g/5oz/1¼ cangkir tepung gandum utuh (wholemeal).

150 g/5 ons/1¼ cangkir tepung jagung

10 ml/2 sdt baking powder

Sejumput garam

225 g/8 ons/1 cangkir yogurt tawar

75 g/3 ons/¼ cangkir madu murni

2 telur

45 ml/3 sdm minyak

Untuk krim buah:

150g/5oz/2/3 cangkir mentega atau margarin, dilunakkan

Jus 1 lemon

Beberapa tetes vanilla essence (ekstrak)

30 ml/2 sendok makan gula bubuk (halus).

225 g/8 ons stroberi

Campur tepung terigu, maizena, baking powder dan garam. Yogurt, madu, telur, dan minyak dicampur menjadi adonan yang halus. Pada permukaan yang diberi sedikit tepung, gulung hingga setebal 1 cm/½ dan potong menjadi lingkaran besar. Letakkan di atas nampan (kue) yang sudah diolesi minyak dan panggang dalam oven yang sudah dipanaskan sebelumnya pada suhu 200°C/400°F/tanda gas 6 selama 15 menit sampai berwarna cokelat keemasan.

Untuk menyiapkan krim buah, campurkan mentega atau margarin, jus lemon, esens vanila, dan gula. Simpan beberapa stroberi untuk hiasan, haluskan sisanya dan saring (saringan) jika Anda lebih suka krim tanpa biji (batu). Aduk ke dalam campuran mentega, lalu dinginkan. Sebarkan sesendok krim pada setiap kue sebelum disajikan.

Biskuit Cornish

Buat 20

225 g/8 ons/2 cangkir tepung terigu (mengembang sendiri).

Sejumput garam

100g/4oz/½ cangkir mentega atau margarin

175g/6oz/2/3 cangkir gula pasir (sangat halus).

1 telur

Gula bubuk (confectioners), diayak, untuk taburan

Campur tepung dan garam dalam mangkuk, lalu olesi mentega atau margarin hingga adonan menyerupai remah roti. Aduk gula. Aduk telur dan uleni adonan lembut. Gulung tipis-tipis di atas permukaan yang ditaburi sedikit tepung, lalu potong menjadi lingkaran.

Letakkan di atas nampan (kue) yang sudah diolesi minyak dan panggang dalam oven yang sudah dipanaskan sebelumnya pada suhu 200°C/400°F/tanda gas 6 selama sekitar 10 menit hingga berwarna keemasan.

Kue kismis gandum utuh

Buat 36

100g/4oz/½ cangkir mentega atau margarin, dilunakkan

50g/2oz/¼ cangkir gula demerara

2 butir telur, pisahkan

100 g/4 ons/2/3 cangkir kismis

225 g/8 ons/2 cangkir tepung gandum utuh (whole wheat).

100 g/4 ons/1 cangkir tepung terigu (serba guna).

5 ml/1 sdt bumbu halus (pai apel).

150 ml/¼ pt/2/3 cangkir susu, ditambah bahan tambahan untuk menyikat gigi

Kocok mentega atau margarin dan gula hingga lembut dan mengembang. Kocok kuning telur, lalu campurkan kismis. Campur campuran tepung dan rempah-rempah dan aduk ke dalam campuran susu. Kocok putih telur hingga lembut, lalu campurkan ke dalam adonan lembut. Ratakan adonan di atas permukaan yang ditaburi sedikit tepung, lalu potong dengan pemotong kue ukuran 5 cm/2. Letakkan di atas loyang yang sudah diolesi minyak (kue) dan tutupi dengan susu. Panggang dalam oven yang sudah dipanaskan pada suhu 180°C/350°F/tanda gas 4 selama 20 menit hingga berwarna cokelat keemasan.

Kue sandwich tanggal

Jadikan 30

225 g/8 ons/1 cangkir mentega atau margarin, dilunakkan

450 g/1 lb/2 cangkir gula merah lunak

225 g/8 ons/2 cangkir oat gulung

225 g/8 ons/2 cangkir tepung terigu (serba guna).

2,5 ml/½ sdt soda kue (baking soda)

Sejumput garam

120 ml/4 fl oz/½ cangkir susu

225 g/8 ons/2 cangkir kurma diadu, cincang sangat halus

250 ml/8 fl oz/1 cangkir air

Kocok mentega atau margarin dan setengah gula sampai berbusa. Campur bahan kering dan tambahkan secara bergantian dengan susu ke dalam campuran krim sampai Anda mendapatkan adonan yang keras. Ratakan di atas papan yang ditaburi sedikit tepung dan potong menjadi cincin dengan pemotong kue. Letakkan di atas loyang yang sudah diolesi minyak (cookies) dan panggang dalam oven yang sudah dipanaskan sebelumnya pada suhu 180°C/350°F/gas 4 selama 10 menit hingga berwarna keemasan.

Masukkan semua bahan yang tersisa ke dalam panci dan didihkan. Kecilkan api dan didihkan selama 20 menit, aduk sesekali, sampai mengental. Biarkan dingin. Lipat cookie bersama dengan isinya.

Biskuit pencernaan (kerupuk graham)

Jadikan 24

175 g/6 ons/1½ cangkir tepung gandum utuh (whole wheat).

50 g/2 ons/½ cangkir tepung terigu (serba guna).

50 g/2 ons/½ cangkir oat gulung ukuran sedang

2,5 ml/½ sdt garam

5 ml/1 sdt baking powder

100g/4oz/½ cangkir mentega atau margarin

30ml/2 sdm gula merah halus

60 ml/4 sendok makan susu

Campur tepung, oatmeal, garam dan baking powder, lalu olesi mentega atau margarin dan campur gula. Tambahkan susu secara bertahap dan campur adonan lembut. Uleni sampai tidak lengket lagi. Giling setebal 5mm/¼ dan potong menjadi 5cm/2 lingkaran dengan pemotong kue. Letakkan di atas baki (kue) yang sudah diolesi minyak dan panggang dalam oven yang sudah dipanaskan sebelumnya pada suhu 180°C/350°F/tanda gas 4 selama sekitar 15 menit.

Kue Paskah

Buat 20

75 g/3 ons/1/3 cangkir mentega atau margarin, dilunakkan

100g/4oz/½ cangkir gula keras (halus).

1 kuning telur

150g/6oz/1½ cangkir tepung self-rising (self-rising).

5 ml/1 sdt bumbu halus (pai apel).

15 ml/1 sendok makan kulit campuran cincang (manisan).

50 g/2 ons/1/3 cangkir kismis

15 ml/1 sendok makan susu

Gula besi (sangat halus) untuk debu

Kocok mentega atau margarin dan gula. Kocok kuning telur, lalu campurkan tepung dan bumbu halus. Campur kulit dan kismis dalam susu secukupnya untuk membuat adonan yang kaku. Gulung hingga setebal 5mm/¼ dan potong menjadi 5cm/2 bulatan dengan pemotong kue. Letakkan kue di atas loyang yang sudah diolesi minyak (kue) dan tusuk dengan garpu. Panggang dalam oven yang sudah dipanaskan pada suhu 180°C/350°F/tanda gas 4 selama kurang lebih 20 menit hingga berwarna keemasan. Taburi dengan gula.

Florentine

Jadikan 40

100g/4oz/½ cangkir mentega atau margarin

100g/4oz/½ cangkir gula keras (halus).

15ml/1 sdm krim ganda (berat).

100 g/4 ons/1 cangkir kacang campuran cincang

75 g/3 ons/½ cangkir sultana (kismis emas)

50 g/2 ons/¼ cangkir ceri berlapis (manisan).

Lelehkan mentega atau margarin, gula dan krim dalam panci dengan api kecil. Angkat dari api dan aduk kacang, sultana, dan ceri berlapis. Tempatkan satu sendok teh penuh, beri jarak dengan baik, di atas loyang yang sudah diolesi minyak (kue) yang dilapisi kertas nasi. Panggang dalam oven yang sudah dipanaskan pada suhu 180°C/350°F/gas 4 selama 10 menit. Biarkan dingin di atas lembaran selama 5 menit, lalu pindahkan ke rak kawat untuk mendinginkan dan potong sisa kertas nasi.

Cokelat Florentine

Jadikan 40

100g/4oz/½ cangkir mentega atau margarin

100g/4oz/½ cangkir gula keras (halus).

15ml/1 sdm krim ganda (berat).

100 g/4 ons/1 cangkir kacang campuran cincang

75 g/3 ons/½ cangkir sultana (kismis emas)

50 g/2 ons/¼ cangkir ceri berlapis (manisan).

100 g/4 ons/1 cangkir cokelat polos (semi-manis).

Lelehkan mentega atau margarin, gula dan krim dalam panci dengan api kecil. Angkat dari api dan aduk kacang, sultana, dan ceri berlapis. Tempatkan satu sendok teh penuh, beri jarak dengan baik, di atas loyang yang sudah diolesi minyak (kue) yang dilapisi kertas nasi. Panggang dalam oven yang sudah dipanaskan pada suhu 180°C/350°F/gas 4 selama 10 menit. Biarkan dingin di atas lembaran selama 5 menit, lalu pindahkan ke rak kawat untuk mendinginkan dan potong sisa kertas nasi.

Lelehkan cokelat dalam mangkuk tahan panas yang diletakkan di atas panci berisi air yang sedikit mendidih. Oleskan di atas biskuit (biskuit) dan biarkan dingin dan mengeras.

Florentine cokelat mewah

Jadikan 40

100g/4oz/½ cangkir mentega atau margarin

100g/4oz/½ cangkir gula merah lembut

15ml/1 sdm krim ganda (berat).

50 g/2 ons/¼ cangkir almond, cincang

50 g/2 ons/¼ cangkir hazelnut cincang

75 g/3 ons/½ cangkir sultana (kismis emas)

50 g/2 ons/¼ cangkir ceri berlapis (manisan).

100 g/4 ons/1 cangkir cokelat polos (semi-manis).

50 g/2 ons/½ cangkir cokelat putih

Lelehkan mentega atau margarin, gula dan krim dalam panci dengan api kecil. Angkat dari api dan aduk kacang, sultana, dan ceri berlapis. Tempatkan satu sendok teh penuh, beri jarak dengan baik, di atas loyang yang sudah diolesi minyak (kue) yang dilapisi kertas nasi. Panggang dalam oven yang sudah dipanaskan pada suhu 180°C/350°F/gas 4 selama 10 menit. Biarkan dingin di atas lembaran selama 5 menit, lalu pindahkan ke rak kawat untuk mendinginkan dan potong sisa kertas nasi.

Lelehkan cokelat biasa dalam mangkuk tahan panas, yang Anda letakkan di atas panci berisi air yang sedikit mendidih. Oleskan di atas biskuit (biskuit) dan biarkan dingin dan mengeras. Lelehkan cokelat putih dengan cara yang sama dalam mangkuk bersih, lalu gerimis cokelat putih di atas kue dengan pola acak.

Kue dengan kacang

Jadikan 30

75 g/3 ons/1/3 cangkir mentega atau margarin, dilunakkan

200g/7oz/1 cangkir gula beku (sangat halus) hilang

1 butir telur, kocok sebentar

100 g/4 ons/½ cangkir keju cottage

5 ml/1 sendok teh vanilla essence (ekstrak)

150g/5oz/1¼ cangkir tepung terigu (serba guna).

25 g/1 ons/¼ cangkir bubuk kakao (cokelat tanpa pemanis).

2,5 ml/½ sdt baking powder

1,5 ml/¼ sdt soda kue (baking soda)

Sejumput garam

25 g/1 ons/¼ cangkir kacang campur cincang

25 g/1 ons/2 sdm gula pasir

Campur mentega atau margarin dan gula bubuk hingga ringan dan mengembang. Masukkan telur dan keju cottage secara bertahap. Campur sisa bahan kecuali gula pasir dan aduk menjadi adonan lembut. Bungkus dengan cling film (bungkus plastik) dan dinginkan selama 1 jam.

Gulung adonan menjadi bola seukuran kenari dan gulingkan gula pasir. Tempatkan kue di atas loyang yang sudah diolesi minyak dan panggang dalam oven yang sudah dipanaskan sebelumnya pada suhu 180°C/350°F/tanda gas 4 selama 10 menit.

Biskuit Es Jerman

Buat 12

50 g/2 ons/¼ cangkir mentega atau margarin

100 g/4 ons/1 cangkir tepung terigu (serba guna).

25g/1oz/2 sdm gula kastor (halus).

60 ml/4 sdm selai blackberry (diawetkan)

100g/4oz/2/3 cangkir (gula halus), diayak

15 ml/1 sendok makan jus lemon

Gosokkan mentega ke dalam tepung sampai campurannya menyerupai remah roti. Aduk gula dan tumbuk menjadi pasta. Giling hingga setebal 5 mm/¼ dan potong berbentuk cincin dengan pemotong kue. Letakkan di atas baki (kue) yang sudah diolesi minyak dan panggang dalam oven yang sudah dipanaskan sebelumnya pada suhu 180°C/350°F/tanda gas 6 selama 10 menit hingga dingin. Biarkan dingin.

Sandwich biskuit kukus bersama selai. Masukkan gula bubuk ke dalam mangkuk dan buat lubang di tengahnya. Masukkan air perasan lemon secara bertahap hingga membentuk glaze (glasir). Gerimis di atas kue, lalu biarkan mengeras.

Jahe

Jadikan 24

300g/10oz/1¼ cangkir mentega atau margarin, dilunakkan

225 g/8 ons/1 cangkir gula merah lembut

75 g/3 ons/¼ cangkir sirup treacle hitam (molase)

1 telur

250g/9oz/2¼ cangkir tepung terigu (serba guna).

10 ml/2 sdt soda kue (soda kue)

2,5 ml/½ sdt garam

5 ml/1 sdt jahe bubuk

5 ml/1 sendok teh cengkih bubuk

5 ml/1 sdt bubuk kayu manis

50 g/2 ons/¼ cangkir gula pasir

Kocok mentega atau margarin, gula merah, sirup tetes tebu, dan telur hingga berbusa. Campur tepung, baking soda, garam dan rempah-rempah. Aduk campuran mentega dan aduk menjadi adonan yang keras. Tutup dan dinginkan selama 1 jam.

Bentuk adonan menjadi bola-bola dan gulung dengan gula pasir. Sebarkan dengan baik di atas loyang yang sudah diolesi minyak (kue) dan taburi dengan sedikit air. Panggang dalam oven yang sudah dipanaskan pada suhu 190°C/375°F/Gas 5 selama 12 menit hingga berwarna cokelat keemasan dan renyah.

Kue jahe

Jadikan 24

100g/4oz/½ cangkir mentega atau margarin

225 g/8 ons/2 cangkir tepung terigu (mengembang sendiri).

5 ml/1 sendok teh soda kue (baking soda)

5 ml/1 sdt jahe bubuk

100g/4oz/½ cangkir gula keras (halus).

45ml/3 sdm sirup emas (jagung muda), hangatkan

Oleskan mentega atau margarin ke dalam tepung, soda kue, dan jahe. Aduk gula, lalu aduk sirup dan aduk menjadi adonan yang kaku. Gulung menjadi bola-bola seukuran kenari, letakkan dengan baik di atas loyang yang sudah diolesi minyak (kue) dan tekan perlahan dengan garpu untuk meratakannya. Panggang cookies (biskuit) dalam oven yang telah dipanaskan sebelumnya pada suhu 190°C/375°F/tanda gas 5 selama 10 menit.

roti jahe

Menghasilkan sekitar 16

350 g/12 ons/3 cangkir tepung terigu yang mengembang sendiri

Sejumput garam

10ml/2 sdt jahe bubuk

100 g/4 ons/1/3 cangkir sirup emas (jagung muda).

75 g/3 ons/1/3 cangkir mentega atau margarin

25g/1oz/2 sdm gula kastor (halus).

1 butir telur, kocok sebentar

Beberapa kismis (opsional)

Campur tepung, garam dan jahe. Larutkan sirup, mentega atau margarin dan gula dalam panci. Biarkan agak dingin, lalu campurkan telur ke dalam bahan kering dan aduk menjadi adonan yang keras. Pada permukaan yang diberi sedikit tepung, gulung setebal 5 mm/¼ dan potong dengan pemotong berbentuk. Jumlah yang dapat Anda buat bergantung pada ukuran mata pisau Anda. Letakkan di atas loyang (kue) yang diolesi sedikit minyak dan tekan perlahan kismis ke dalam kuki (kue) untuk mata dan kancing, jika diinginkan. Panggang dalam oven yang sudah dipanaskan sebelumnya pada suhu 180°C/350°F/tanda gas 4 selama 15 menit, hingga berwarna cokelat keemasan dan kencang saat disentuh.

Kue jahe gandum utuh

Jadikan 24

200g/7oz/1¾ cangkir tepung gandum utuh (wholemeal).

10 ml/2 sdt baking powder

10ml/2 sdt jahe bubuk

100g/4oz/½ cangkir mentega atau margarin

50 g/2 ons/¼ cangkir gula cokelat lembut

60 ml/4 sendok makan madu murni

Campur tepung terigu, baking powder dan jahe. Lelehkan mentega atau margarin dengan gula dan madu, lalu campurkan ke dalam bahan kering dan aduk menjadi adonan yang keras. Gulung di atas permukaan tepung dan potong lingkaran dengan pemotong kue. Letakkan di atas loyang yang sudah diolesi minyak (untuk biskuit) dan panggang dalam oven yang sudah dipanaskan sebelumnya pada suhu 190°C/375°F/gas 5 selama 12 menit hingga berwarna keemasan dan renyah.

Kue beras dan jahe

Buat 12

225 g/8 ons/2 cangkir tepung terigu (serba guna).

2,5 ml/½ sendok teh gada bubuk

10ml/2 sdt jahe bubuk

75 g/3 ons/1/3 cangkir mentega atau margarin

175g/6oz/¾ cangkir (sangat halus) gula

1 butir telur, kocok

5 ml/1 sdt jus lemon

30 ml/2 sendok makan beras giling

Campur tepung terigu dan bumbu jadi satu, olesi mentega atau margarin hingga adonan menyerupai remah roti, lalu masukkan gula pasir. Campur telur dan jus lemon menjadi adonan yang keras dan uleni dengan lembut sampai halus. Taburi permukaan kerja dengan beras giling dan giling adonan setebal 1 cm/½. Potong biskuit menjadi 5 cm/2 lingkaran dengan pemotong kue. Susun di atas nampan (kue) yang sudah diolesi minyak dan panggang dalam oven yang sudah dipanaskan sebelumnya pada suhu 180°C/350°F/tanda gas 4 selama 20 menit, hingga keras saat disentuh.

Kue emas

Buat 36

75 g/3 ons/1/3 cangkir mentega atau margarin, dilunakkan

200g/7oz/1 cangkir gula beku (sangat halus) hilang

2 butir telur, kocok sebentar

225 g/8 ons/2 cangkir tepung terigu (serba guna).

10 ml/2 sdt baking powder

5 ml/1 sdt pala parut

Sejumput garam

Telur atau susu untuk pelapis

Gula besi (sangat halus) untuk debu

Kocok mentega atau margarin dan gula. Campur telur secara bertahap, lalu campurkan tepung, baking powder, pala dan garam dan aduk menjadi adonan lembut. Tutup dan diamkan selama 30 menit.

Giling adonan di atas permukaan yang ditaburi sedikit tepung hingga setebal 5 mm/¼ dan potong menjadi lingkaran dengan pemotong kue. Letakkan di atas loyang yang sudah diolesi minyak (kue), olesi dengan telur kocok atau susu dan taburi dengan gula. Panggang dalam oven yang sudah dipanaskan pada suhu 200°C/400°F/tanda gas 6 selama 8-10 menit hingga berwarna cokelat keemasan.

kue hazelnut

Jadikan 24

100g/4oz/½ cangkir mentega atau margarin, dilunakkan

50g/2oz/¼ cangkir gula bubuk (halus).

100 g/4 ons/1 cangkir tepung terigu (serba guna).

25 g/1 ons/¼ cangkir hazelnut bubuk

Kocok butter atau margarine dan gula hingga lembut dan mengembang. Campurkan tepung dan kenari secara bertahap sampai Anda mendapatkan adonan yang kaku. Gulung menjadi bola-bola kecil dan letakkan dengan baik di atas loyang yang sudah diolesi minyak (kue). Panggang cookies (biskuit) dalam oven yang sudah dipanaskan sebelumnya pada suhu 180°C/350°F/tanda gas 4 selama 20 menit.

Kue hazelnut renyah

Jadikan 40

100g/4oz/½ cangkir mentega atau margarin, dilunakkan

100g/4oz/½ cangkir gula keras (halus).

1 butir telur, kocok

5 ml/1 sendok teh vanilla essence (ekstrak)

175g/6oz/1½ cangkir tepung terigu (serba guna).

50 g/2 ons/½ cangkir hazelnut bubuk

50 g/2 ons/½ cangkir hazelnut cincang

Kocok butter atau margarine dan gula hingga lembut dan mengembang. Campurkan telur dan esens vanila secara bertahap, lalu campurkan tepung, hazelnut bubuk, dan hazelnut, lalu uleni adonan. Gulung menjadi bola, bungkus dengan clingfilm (film plastik) dan dinginkan selama 1 jam.

Pipihkan adonan hingga setebal 5 mm/¼ dan potong menjadi lingkaran dengan pemotong kue. Susun di atas nampan (kue) yang sudah diolesi minyak dan panggang dalam oven yang sudah dipanaskan sebelumnya dengan suhu 200°C/400°F/tanda gas 6 selama 10 menit hingga berwarna cokelat keemasan.

Kue hazelnut dan almond

Jadikan 24

100g/4oz/½ cangkir mentega atau margarin, dilunakkan

75 g/3 ons/½ cangkir gula (bahan manisan), diayak

50 g/2 ons/1/3 cangkir hazelnut bubuk

50 g/2 ons/1/3 cangkir almond bubuk

100 g/4 ons/1 cangkir tepung terigu (serba guna).

5 ml/1 sendok teh sari almond (ekstrak)

Sejumput garam

Kocok butter atau margarine dan gula hingga lembut dan mengembang. Campur bahan yang tersisa untuk membuat adonan yang kaku. Gulung menjadi bola, tutup dengan cling film (bungkus plastik) dan dinginkan selama 30 menit.

Pipihkan adonan hingga setebal 1 cm/½ dan potong menjadi lingkaran dengan pemotong kue. Letakkan di atas nampan (kue) yang sudah diolesi minyak dan panggang dalam oven yang sudah dipanaskan sebelumnya pada suhu 180°C/350°F/tanda gas 4 selama 15 menit hingga berwarna cokelat keemasan.

Kue madu

Jadikan 24

75 g/3 ons/1/3 cangkir mentega atau margarin

Kit madu 100 g/4 ons/1/3 cangkir

225 g/8 ons/2 cangkir tepung gandum utuh (whole wheat).

5 ml/1 sdt baking powder

Sejumput garam

50 g/2 ons/¼ cangkir gula muscovado

5 ml/1 sdt bubuk kayu manis

1 butir telur, kocok sebentar

Lelehkan mentega atau margarin dan madu hingga tercampur. Campurkan sisa bahan. Sendok adonan dengan baik ke atas loyang yang sudah diolesi minyak dan panggang dalam oven yang sudah dipanaskan sebelumnya pada suhu 180°C/350°F/gas 4 selama 15 menit, hingga berwarna cokelat keemasan. Biarkan dingin selama 5 menit sebelum dipindahkan ke rak kawat hingga dingin.

Madu Ratafia

Jadikan 24

2 putih telur

100 g/4 ons/1 cangkir almond bubuk

Beberapa tetes sari almond (ekstrak)

100 g/4 ons/1/3 cangkir madu murni

Kertas nasi

Kocok putih telur hingga kaku. Campur almond, sari almond, dan madu dengan hati-hati. Tempatkan sesendok campuran dengan baik di atas loyang (kue) yang dilapisi dengan kertas nasi dan panggang dalam oven yang sudah dipanaskan pada suhu 180 ° C / 350 ° F / tanda gas 4 selama 15 menit sampai berwarna cokelat keemasan. Biarkan agak dingin, lalu sobek dan keluarkan kertasnya.

Kue dengan madu dan buttermilk

Buat 12

50 g/2 ons/¼ cangkir mentega atau margarin

225 g/8 ons/2 cangkir tepung terigu (mengembang sendiri).

175 ml/6 fl oz/¾ cangkir buttermilk

45 ml/3 sendok makan madu murni

Gosokkan mentega atau margarin ke dalam tepung sampai campurannya menyerupai remah roti. Aduk buttermilk dan madu dan aduk menjadi adonan yang kaku. Letakkan di atas permukaan yang ditaburi sedikit tepung dan uleni hingga halus, lalu gulung hingga setebal 2 cm/¾ dan gunakan pemotong kue untuk memotong menjadi 5 cm/2 lingkaran. Letakkan di atas nampan (kue) yang sudah diolesi minyak dan panggang dalam oven yang sudah dipanaskan sebelumnya pada suhu 230°C/450°F/tanda gas 8 selama 10 menit sampai berwarna cokelat keemasan.

kue mentega lemon

Buat 20

100 g/4 ons/1 cangkir beras giling

100 g/4 ons/1 cangkir tepung terigu (serba guna).

75g/3oz/1/3 cangkir gula bubuk (halus).

Sejumput garam

2,5 ml/½ sdt baking powder

100g/4oz/½ cangkir mentega atau margarin

Parutan kulit 1 lemon

1 butir telur, kocok

Campur beras, tepung, gula, garam dan baking powder. Gosok mentega sampai campurannya menyerupai remah roti. Aduk kulit lemon dan campur dengan telur secukupnya untuk membentuk adonan yang keras. Uleni dengan lembut, lalu gulung di atas permukaan tepung dan potong bentuk dengan pemotong kue. Letakkan di atas baki (kue) yang sudah diolesi minyak dan panggang dalam oven yang sudah dipanaskan sebelumnya pada suhu 180°C/350°F/tanda gas 4 selama 30 menit. Biarkan agak dingin di atas lembaran, lalu pindahkan ke rak kawat hingga benar-benar dingin.

Biskuit lemon

Jadikan 24

100g/4oz/½ cangkir mentega atau margarin

100g/4oz/½ cangkir gula keras (halus).

1 butir telur, kocok sebentar

225 g/8 ons/2 cangkir tepung terigu (serba guna).

5 ml/1 sdt baking powder

Parutan kulit ½ lemon

5 ml/1 sdt jus lemon

30 ml/2 sdm gula demerara

Lelehkan mentega atau margarin dan gula dengan api kecil sambil terus diaduk hingga adonan mulai mengental. Angkat dari api dan campur telur, tepung, baking powder, kulit lemon dan jus, lalu uleni adonan. Tutup dan dinginkan selama 30 menit.

Bentuk adonan menjadi bola-bola kecil dan sebarkan di atas loyang (kue) yang sudah diolesi minyak dan tekan rata dengan garpu. Taburi dengan gula demerara. Panggang dalam oven yang sudah dipanaskan pada suhu 180°C/350°F/tanda gas 4 selama 15 menit.

Saat-saat mencair

Buat 16

100g/4oz/½ cangkir mentega atau margarin, dilunakkan

75g/3oz/1/3 cangkir gula bubuk (halus).

1 butir telur, kocok

150g/5oz/1¼ cangkir tepung terigu (serba guna).

10 ml/2 sdt baking powder

Sejumput garam

8 ceri mengkilap (manisan), dibelah dua

Kocok butter atau margarine dan gula hingga lembut dan mengembang. Masukkan telur secara bertahap, lalu tambahkan tepung, baking powder, dan garam. Uleni dengan lembut hingga adonan halus. Bentuk adonan menjadi 16 bola berukuran sama dan letakkan di atas loyang yang sudah diolesi minyak (kue). Ratakan sedikit, lalu letakkan setengah buah ceri di atasnya. Panggang dalam oven yang sudah dipanaskan pada suhu 180°C/350°F/tanda gas 4 selama 15 menit. Biarkan dingin di atas lembaran selama 5 menit, lalu pindahkan ke rak kawat hingga dingin.

kue muesli

Jadikan 24

100g/4oz/½ cangkir mentega atau margarin

100 g/4 ons/1/3 cangkir madu murni

75 g/3 ons/1/3 cangkir gula merah lembut

100 g/4 ons/1 cangkir tepung gandum utuh (whole wheat).

100 g/4 ons/1 cangkir oatmeal

50 g/2 ons/1/3 cangkir kismis

50 g/2 ons/1/3 cangkir sultana (kismis emas)

50 g/2 ons/1/3 cangkir kurma diadu, iris

50 g/2 ons/1/3 cangkir aprikot kering siap saji, cincang

25 g/1 ons/¼ cangkir kenari cincang

25 g/1 ons/¼ cangkir hazelnut cincang

Lelehkan mentega atau margarin dengan madu dan gula. Campurkan sisa bahan dan aduk menjadi adonan yang keras. Tempatkan satu sendok teh di atas loyang yang sudah diolesi minyak (untuk kue) dan tekan rata. Panggang cookies (biskuit) di dalam oven yang sudah dipanaskan sebelumnya dengan suhu 180°C/350°F/tanda gas 4 selama 20 menit hingga berwarna keemasan.

Kue dengan kenari

Jadikan 24

350g/12oz/1½ cangkir mentega atau margarin, dilunakkan

350g/12oz/1½ cangkir gula kastor (sangat halus).

5 ml/1 sendok teh vanilla essence (ekstrak)

350 g/12 ons/3 cangkir tepung terigu (serba guna).

5 ml/1 sendok teh soda kue (baking soda)

100 g/4 ons/1 cangkir kacang campuran cincang

Kocok butter atau margarine dan gula hingga lembut dan mengembang. Tambahkan sisa bahan dan aduk hingga tercampur rata. Bentuk menjadi dua gulungan panjang, tutup dan dinginkan selama 30 menit hingga mengeras.

Potong gulungan menjadi irisan 5 mm/¼ dan susun di atas loyang yang sudah diolesi minyak (kue). Panggang cookies (biskuit) dalam oven yang telah dipanaskan sebelumnya pada suhu 180°C/350°F/tanda gas 4 selama 10 menit hingga berwarna kecokelatan.

Biskuit renyah dengan kacang kenari

Jadikan 30

100g/4oz/½ cangkir gula merah lembut

1 butir telur, kocok

5 ml/1 sendok teh vanilla essence (ekstrak)

45 ml/3 sendok makan tepung terigu (serba guna).

100 g/4 ons/1 cangkir kacang campuran cincang

Kocok gula dengan telur dan esens vanila, lalu campurkan tepung dan kenari. Tempatkan sesendok kecil di atas loyang (kue) yang sudah diolesi minyak dan ditaburi tepung dan ratakan sedikit dengan garpu. Panggang cookies (biskuit) dalam oven yang telah dipanaskan sebelumnya pada suhu 190°C/375°F/tanda gas 5 selama 10 menit.

Kue renyah dengan kacang kayu manis

Jadikan 24

100g/4oz/½ cangkir mentega atau margarin, dilunakkan

100g/4oz/½ cangkir gula keras (halus).

1 butir telur, kocok sebentar

2,5 ml/½ sdt vanilla essence (ekstrak)

175g/6oz/1½ cangkir tepung terigu (serba guna).

2,5 ml/½ sdt bubuk kayu manis

2,5 ml/½ sdt soda kue (baking soda)

100 g/4 ons/1 cangkir kacang campuran cincang

Kocok mentega atau margarin dan gula. Campurkan 60 ml/4 sdm telur dan esens vanila secara bertahap. Aduk tepung, kayu manis, soda kue, dan setengah dari kacang. Tekan ke dalam loyang springform yang sudah diolesi minyak dan dialasi. Olesi dengan sisa telur dan taburi dengan sisa kacang dan tekan perlahan. Panggang biskuit (cookies) dalam oven yang telah dipanaskan sebelumnya dengan suhu 180°C/350°F/tanda gas 4 selama 20 menit hingga berwarna cokelat keemasan. Biarkan dingin dalam cetakan sebelum dipotong menjadi batangan.

Jari oatmeal

Jadikan 24

200g/7oz/1¾ cangkir oat gulung

75 g/3 ons/¾ cangkir tepung terigu (serba guna).

5 ml/1 sdt baking powder

50 g/2 ons/¼ cangkir mentega atau margarin, lelehkan

Air mendidih

Campur oatmeal, tepung terigu dan baking powder, lalu masukkan mentega cair atau margarin dan air mendidih secukupnya hingga menjadi adonan yang lembut. Uleni di atas permukaan yang sudah ditaburi sedikit tepung sampai keras, lalu gulung dan potong menjadi jari. Letakkan di atas loyang (kue) yang sudah diolesi minyak dan panggang dalam oven yang sudah dipanaskan sebelumnya pada suhu 190°C/375°F/gas 5 selama 10 menit sampai berwarna cokelat keemasan.

www.ingramcontent.com/pod-product-compliance
Lightning Source LLC
Chambersburg PA
CBHW050021130526
44590CB00042B/1174